IRBLICH

saur

Literatur und Archiv
Band 1

Reihenherausgeber

Prof. Dr. Georg Jäger
Institut für Deutsche Philologie der Universität München

Dr. Christoph König
Deutsches Literaturarchiv Marbach am Neckar

Dr. Rätus Luck
Schweizerische Landesbibliothek in Bern

Dr. Walter Methlagl
Forschungsinstitut »Brenner-Archiv« der Universität Innsbruck

Christoph König

Verwaltung und wissenschaftliche Erschließung von Nachlässen in Literaturarchiven

Österreichische Richtlinien als Modell

Herausgegeben vom
Forschungsinstitut „Brenner-Archiv“ (Innsbruck)

K·G·Saur
München · New York · London · Paris 1988

**Publiziert mit Unterstützung des Fonds
zur Förderung der wissenschaftlichen Forschung**

CIP-Titelaufnahme der Deutschen Bibliothek

König, Christoph:
Verwaltung und wissenschaftliche Erschliessung von
Nachlässen in Literaturarchiven : österreich. Richtlinien als
Modell / Christoph König. Hrsg. vom Forschungsinst.
"Brenner-Archiv" (Innsbruck). – München ; New York ; London ;
Paris : Saur, 1988
(Literatur und Archiv ; Bd. 1)
ISBN 3-598-10741-2
NE: GT

(Mitglied der internationalen Butterworths-Gruppe, London)
Printed in the Federal Republic of Germany

Druck: WS-Druckerei, Mainz
Binden: Buchbinderei Schaumann, Darmstadt

ISBN 3-598-10741-2

Vorwort

Einem stets wachsenden Bedürfnis entgegenkommend, hat für die Jahre 1984 – 1989 der Fonds zur Förderung der wissenschaftlichen Forschung in Österreich die möglichst vollständige Erfassung und Sicherung literarischer Nachlaßbestände österreichischer Herkunft zum Gegenstand eines aufwendigen Forschungsprojektes gemacht. Gleichzeitig mit der systematischen Ausforschung und Registrierung von literarischen Nachlässen im In- und Ausland, im öffentlichen wie im privaten Besitz, lief die Erarbeitung von Archivierungsregeln, die den sachlichen Erfordernissen und technischen Möglichkeiten einer heute zeitgemäßen Dokumentierung der literarischen Überlieferung optimal entsprechen sollen.
Das Ergebnis dieses Sektors der Projektarbeit liegt hier vor. Das Gremium der vom Wissenschaftsfonds eingesetzten Projektleiter hat es gut geheißen und empfiehlt seine Anwendung. Soweit derzeit absehbar, werden diese Richtlinien von allen maßgeblichen Sammlungen in Österreich, die sich ausschließlich oder beiläufig als «Literaturarchive» betrachten, übernommen werden. Der Begriff «Literaturarchiv» ist sowohl im Sinne einer privaten als auch einer öffentlichen Sammlung mit unterschiedlicher Trägerschaft zu sehen, beschränkt sich daher etwa nicht auf staatliche Sammlungen. Er bezieht sich ebensogut auf Institutionen, in denen «literarische Nachlässe» (wozu auch Nachlässe von Philosophen, Epistolare von bildenden Künstlern etc. durchaus gerechnet werden können) nur einen Teilbereich ausmachen, wie auch solche, die mit der Archivierung eine germanistische und zeitgeschichtliche Forschungsarbeit direkt verbinden. In der Tat ist der den Richtlinien zugrundeliegende Gedanke sehr direkt auf die bis heute entwickelte Editionstheorie ausgerichtet. Auch wenn die konkrete Bearbeitung weitgehend auch von Nicht-Akademikern wahrgenommen werden kann, was im Rahmen der Regelungen zur Arbeitsteilung geradezu vorgesehen wird, ist darin unausgesprochen ein neues Berufsbild entworfen, nämlich das des wissenschaftlichen Archivars, in dem sich die Qualitäten des (auch am Computer) ausgebildeten Bibliotheks-Fachmanns mit denen des Editionstheoretikers, des praktischen Herausgebers, des Literaturinterpreten und Literarhistorikers vereinen.
In die Richtlinien sind ausgiebig internationale Normen sowie Erfahrungen aus den bisher bestehenden Sammlungen in Österreich, der BRD, der DDR berücksichtigt worden. Ausgangspunkt war die hautnahe Beschäftigung mit den am Forschungsinstitut «Brenner-Archiv» an der Universität Innsbruck entwickelten und mehrfach erneuerten Archivierungsregeln, auf die sich die Nähe zum konkreten wissenschaftlichen Umgang in besonderem Maße prägend auswirkte. Zum Teil verdankt sich die vorliegende Arbeit den Gesprächen unter den Mitarbeitern dieses Forschungsinstituts, von denen im einzelnen Dr. Eberhard Sauermann und Dr. Erika Wimmer-Webhofer genannt seien. Doch hat sich der Verfasser auch ein sehr genaues Bild von den einschlägigen Regelungen an der Handschriften- und

Inkunabelsammlung der Österreichischen Nationalbibliothek in Wien, an der Bayerischen Staatsbibliothek, am Deutschen Literaturarchiv in Marbach, an der Handschriftensammlung der Wiener Stadt- und Landesbibliothek und am Goethe- und Schiller-Archiv in Weimar gemacht. Desgleichen sind Erfahrungen aus dem Bereich der wissenschaftlichen Bibliotheken eingeflossen. Einer Übernahme der Richtlinien durch Sammlungen in den anderen deutschsprachigen Ländern steht schon aufgrund dieser Berücksichtigung internationaler Gepflogenheiten wenig Gravierendes entgegen. Sie sind gegenüber konventionellen Archivierungsverfahren weitgehend offen. Andererseits beziehen sie – erstmals überhaupt – die Möglichkeit, elektronische Datenverarbeitung einzusetzen, grundsätzlich ein; dies sowohl hinsichtlich des Ablaufs der archivalischen Aufbereitung als auch hinsichtlich der Katalogisierung. Dieser Möglichkeit wird durch die Adaption der in den RAK festgelegten Definitionen und Regeln, aber auch durch die vorausschauende Kalkulation mit internationalen Datenformaten (etwa mit dem Maschinellen Austauschformat für Bibliotheken, MAB 1) entsprochen. Der EDV-Einsatz wird einen entscheidenden Schritt in der Archivierung literarischer Nachlässe darstellen: die Bearbeitung wird ökonomischer; die gespeicherten Daten können differenzierter recherchiert werden, obwohl es dieselben sind, mit denen man es auch bei der konventionellen Erfassung zu tun hat. Neben künftiger Raumersparnis (da Kataloge zwar nicht notwendigerweise, jedoch möglicherweise wegfallen), besteht eine sehr folgenreiche Auswirkung dieser Automatisierung vor allem in der Möglichkeit des Datenaustausches mit anderen Institutionen innerhalb eines Verbundes einschlägiger Sammlungen. Die Richtlinien können hierfür die Voraussetzung darstellen.
Die Dankschuldigkeit, die der Autor, Christoph König, auf Seite 175 gegenüber zahlreichen Fachleuten und Institutionen zum Ausdruck bringt, wird von mir als dem vom Fonds zur Förderung der wissenschaftlichen Forschung in Österreich beauftragten Projektleiter ohne Einschränkungen geteilt und bekräftigt.

Walter Methlagl

(Forschungsinstitut «Brenner-Archiv», Innsbruck)

Inhaltsverzeichnis

Erstes Kapitel

EINLEITUNG

1.1 Zielgruppe

Die Richtlinien für «Die Verwaltung und wissenschaftliche Erschließung von Nachlässen in Literaturarchiven» wenden sich an alle Institutionen[1], welche Nachlässe von Schriftstellern, Künstlern, Fotografen, Philosophen, Gelehrten oder Personen bzw. Institutionen, deren Tätigkeit im weitesten Sinne als kulturell verstanden werden kann, besitzen.

«Literaturarchive» sind in erster Linie jene Institutionen, deren Bestände sich zum größten Teil aus Nachlässen zusammensetzen; «Literaturarchive» können aber auch Abteilungen in Institutionen sein, deren Hauptaugenmerk sich nicht auf Nachlässe richtet (etwa von Bibliotheken, Archiven, Museen, Universitätsinstituten und dgl.): in diesen Abteilungen können diese Richtlinien gleichfalls zur Bearbeitungsgrundlage werden. Sinngemäß können diese Richtlinien auch von Privatpersonen, sofern sie Nachlässe besitzen, angewandt werden.

Der Begriff «Nachlaß» im Titel dieser Richtlinien schränkt deren Geltungsbereich nicht auf vollständige Nachlässe ein; auch wenn nur Teilnachlässe oder gar nur Einzelstücke, deren Nachlaßbezug jedoch als wichtig erachtet wird, vorhanden sind, können die vorliegenden Regelungen herangezogen werden. Und schließlich beziehen sich diese Richtlinien nicht auf einen bestimmten Materialtypus (z. B.: Schriftstücke) bzw. auf bestimmte Ergebnisse kultureller Tätigkeit (etwa auf literarische Werke); ihre Anwendbarkeit ist vielmehr unabhängig von diesen Gesichtspunkten konzipiert worden.

In den einzelnen Institutionen bestehen nun bereits längere Traditionen in der Nachlaßbearbeitung. Es ist nicht zumutbar, diese Richtlinien in allen Einzelheiten sofort anzuwenden; deshalb wird vorgeschlagen, die einzelnen *Funktionen* (sei es, daß sie allgemeine Zwecke oder einzelne Bearbeitungsschritte betreffen), aus denen sich die konkreten Anweisungen dieser Richtlinien ergeben, mit der eigenen Vorgangsweise zu vergleichen, um den «Geist» dieser Richtlinien im Rahmen des bestehenden Usus zu realisieren.

1.2 Aufgaben

Zweck dieser Richtlinien ist es, die Verwaltung der Bestände eines Literaturarchivs zu regeln und Anweisungen zu ihrer Sammlung und Erschließung zu geben. Diese Richtlinien wollen überdies die Bearbeitung, sei es, daß sie die Verwaltung, sei es, daß sie die Erschließung betrifft, in klar definierte und aufeinander aufbauende Bearbeitungsphasen gliedern und somit allgemeine Grundsätze auf den konkreten Ablauf der Bearbeitung umlegen.

1.2.1 Verwalten der Bestände

Diese Richtlinien wurden für österreichische Literaturarchive entwickelt. Was die Erfüllung *verwaltungsrechtlicher* Erfordernisse anbelangt, orientieren sie sich daher an den 1954 vom Bundesministerium für Finanzen (im Einvernehmen mit dem Rechnungshof) herausgegebenen «Richtlinien für die Inventar- und Materialverwaltung – RIM»; bei einer Anwendung an nicht-österreichischen Institutionen wäre lediglich für jene Teile der vorliegenden Richtlinien, welche von den verwaltungsrechtlichen Grundlagen ausgehen, zu überprüfen, ob bzw. inwiefern sich die jeweiligen gesetzlichen Bestimmungen von den österreichischen unterscheiden.

Die RIM bezwecken:

«a. Die Erfassung und fortlaufende Ausweishaltung der beweglichen Sachen,

b. die Nachweisung der beweglichen Sachen in der Vermögensübersicht des Bundes,

c. die Überprüfung der mengenmäßigen Übereinstimmung zwischen buchmäßigem Bestand (Soll-Bestand) und tatsächlichem Bestand (Ist-Bestand).» (§ 2)

Der § 4 («Verwaltung der beweglichen Sachen») führt näher aus, daß die «anvertrauten Werte» sachgemäß zu behandeln, zu lagern, hinsichtlich des Zustandes zu überwachen und unter Umständen zu reparieren sind.
In diesem Sinne regeln die vorliegenden Richtlinien das Verzeichnen der Bestände, das Kennzeichnen der Bestände als Eigentum des Literaturarchivs, das Festhalten des Erwerbsvorgangs sowie die Inventur, womit eine Absicherung in verwaltungsrechtlicher Hinsicht gewährleistet ist. Auf die Konservierung wird hier nur im Rahmen des für das Verständnis der Bearbeitungsabläufe Notwendigen, und da nur kursorisch, eingegangen; eine genauere Behandlung erfährt dieser Problembereich in den Richtlinien «Zur Konservierung von Archivalien in Literaturarchiven» von Erika Wimmer-Webhofer.[2]
Obwohl sich die Verwaltungsfunktionen aus Bundes-Richtlinien herleiten, kann das Inventarisierungsmodell dieser Richtlinien auch in Institutionen der Länder und Gemeinden sowie in Privatarchiven angewandt werden; es ist dies aus Gründen der Einheitlichkeit wünschenswert.

1.2.2 Sammeln und Erschließen der Bestände

Das Sammeln und Erschließen der Bestände orientiert sich am Benutzer, d. h. das Literaturarchiv soll imstande sein, dessen mehr und weniger gezielte Fragen nach Materialien beantworten zu können.

Der historische Werkbegriff

Einen sehr hohen Maßstab in der Aufbereitung von Werken setzen historisch-kritische Ausgaben: Aus ihrem Werkbegriff leitet sich ein breites Spektrum möglicher Antworten an den Leser ab. An diesem Werkbegriff und seinen Folgerungen soll sich die Tätigkeit eines Literaturarchivs deshalb messen, von ihm soll es sich aber hinsichtlich noch zu erläuternder Aspekte abgrenzen.

Der Werkbegriff historisch-kritischer Ausgaben ist vor allem durch den Begriff «historisch» bestimmt. «Historisch» bedeutet zum einen die *Entwicklung* eines Werkes vom ersten Entwurf bis zur Veröffentlichung und darüber hinaus, zum anderen die *biographische und sozialgeschichtliche Bedingtheit* des Werkes und seiner Entwicklung:

> Dichtung ist historisch, da sie sich in der Zeit vollzieht und entwickelt; sie ist aber auch historisch, da sie stets Ausdruck und Spiegel einer bestimmten Zeit ist. [...] Beide Gesichtspunkte [...] sind die wesentliche Ausgangsbasis für die wissenschaftliche Beschäftigung mit einem Werk.[3]

Versteht man Entwicklung als eine zentrale Kategorie des Werkes, so wird der Textbegriff dynamisiert. Es gibt nicht mehr eine «reine» bzw. «echte» Fassung eines Werkes; in den Mittelpunkt des Interesses rückt nun die *Intention* des Autors. Durch syntaktische und textgrammatische Verknüpfungen wie auch durch entsprechende Varianten (einer Werkstelle etwa) will der Autor dieser Intention entsprechen. Dynamik bedeutet dann, daß alle Paralipomena, Fassungen, Ausgaben und dgl. zu integralen Teilen eines Werkes werden, aus denen sich die Spannung ergibt, «die auf ein intentionales Gebilde gerichtet ist»[4].

Aus neueren Erkenntnissen der Rezeptionsästhetik und der empirischen Rezeptionsforschung ergibt sich die Notwendigkeit, diesem Dynamikbegriff einen weiteren Aspekt hinzuzufügen. Das Werk wird als ‹Formular› gesehen, als Angebot von Strukturen; diesen Strukturen verleiht der Leser in immer neuen Kombinationen Bedeutung. Die Bedeutung des Werkes ist demnach mit der Autorabsicht selbst nicht ausschließlich gegeben, sondern konstituiert sich im Zusammenspiel von erster Produktion (Autor) und zweiter Produktion (Leser). Die Werkrezeption wird somit zum Bestandteil des Werkes.[5]

Aus dem Verhältnis von Entwurf, Varianten, Korrekturen, Endfassung, Neuausgaben und Werkrezeption kann die Werkbedeutung interpretiert werden.

Spätestens hier ist es erforderlich, eine terminologische Klärung vorzunehmen: «Werk» als die Bedeutung, welche sich in verschiedensten Formen dokumentiert, ist von den Formen der Dokumentation abzugrenzen. Die jeweilige Form der Dokumentation wird als jeweilige, konkrete «Vorlage» bezeichnet. Vorlagen, welche dem Zweck dienen, der Intention des Verfassers Ausdruck zu verleihen, stehen untereinander in einem «Werkzusammenhang». Von «Werkbezug» wird hingegen gesprochen, wenn die Vorlage sich auf das Werk bezieht (etwa als Rezeptionszeugnis, als Kommentar des Verfassers zum Werk und dgl.), ohne ein Teil der Werkgenese zu sein.

Geht man von dem historischen Werkbegriff der Editionslehre aus, so stellt sich die Frage, welche Aufgabenbereiche für Literaturarchive sich in weiterer Folge ergeben.

Eine erste Aufgabe stellt das gezielte *Sammeln* von Vorlagen dar, welche entweder ein Werk dokumentieren oder auf ein solches Werk einen Bezug im außerliterarischen Sinn haben. Denkt man etwas weiter, so zeigt sich, daß solche Werke mit historischem Bezug (Zeugnisse) natürlich selbst auch Werke dokumentieren, d. h. Entwürfe, Fassungen und dgl. sein können. Dies ist insbesondere im Auge zu behalten, wenn man von der zweiten Aufgabe spricht, welche sich aus dem hier zugrundegelegten Werkbegriff ergibt.

Es ist dies die Aufgabe, jene Informationen zu den gesammelten Vorlagen dem Benutzer zur Verfügung zu stellen, die er für eine Interpretation voraussetzen muß. Diese zweite Aufgabe läßt sich als *Identifikation* der Vorlage charakterisieren: Sowohl Vorlagen, welche das jeweilige Werk dokumentieren, als auch jene, die den außerliterarischen Bezug verdeutlichen, sind zu identifizieren.

Als identifiziert gilt eine Vorlage, wenn verschiedene Fragen beantwortet sind; es sind dies die Fragen nach

a. der Verfasserschaft eines Werkes,
b. dem Sachtitel eines Werkes,
c. dem Adressaten eines Korrespondenzstückes,
d. dem Werkzusammenhang,
e. dem Entstehungsdatum bzw. -zeitraum (bzw. dem Erscheinungsjahr).

Zieht man Vorlagen zur Explikation der biographischen und sozialgeschichtlichen Bedingtheit eines Werkes heran, so gesellt sich ein weiterer Aspekt hinzu, der berücksichtigt sein will, sollen diese Vorlagen als identifiziert gelten: eine allgemeine Bestimmung des Werkbezugs.

Die Beantwortung dieser Fragen vollzieht sich in einem Frage-Antwort-Verhältnis von Hypothesen und Widerlegungen bzw. Bestätigungen; sie vollzieht sich in einem wissenschaftlichen Prozeß, den diese Richtlinien als *Erschließen* bezeichnen.

Die Faktoren, anhand derer die (innerhalb eines ersten subjektiven Verstehenshorizonts aufgestellten) Hypothesen geprüft werden, sind einmal material-objektive Feststellungen, etwa Papiersorten, Wasserzeichen,

Schreibmaschinentype, Schriftzug, Schreibmodus. Gleichfalls herangezogen werden interpretatorische Zusammenhänge wie Textgeschichte, Motivanalyse, Stiluntersuchung, inhaltliche Hinweise, Nachlaßbefund, Nachlaßordnung, literarhistorische Kenntnisse etc. Indem diese Aspekte vielfältig aufeinander bezogen werden, entgeht das wissenschaftliche Erschließen im Literaturarchiv den Einseitigkeiten von rein kriminologischen Ansätzen und rein philologischem Interpretieren.[6]

In diesem Zusammenhang kann sich die Frage ergeben, ob denn die Arbeitsweise eines Literaturarchivs sich von der eines Herausgebers unterscheidet, da ja das Erschließen der Identität der Vorlage auch zu dessen Pflichten gehört. Bis hierher, muß die Antwort lauten, gehen beide den gleichen Weg; von nun an geht der Editor aber alleine weiter. Denn nach der Identifikation der Vorlagen setzt beim Herausgeber ein «deutender Eingriff»[7] ein, indem er in einer hermeneutischen Bewegung, welche die Rezeption berücksichtigen muß, das Verhältnis der Varianten interpretiert. Damit legt er auch deren Bedeutung für die Werkentwicklung fest und wählt – mit großen Folgewirkungen für die spätere Analyse – eine Vorlage, die «in der Ausgabe das Werk repräsentieren soll»[8], kritisch aus.

Die archivalische Einheit

Ausgangspunkt des Erschließens der Identität ist die konkrete Dokumentation eines Werkes, die Vorlage also. Der Begriff «Vorlage» hat jedoch seine Tücken. Oft sind nämlich Paralipomena, Fassungen bzw. Veröffentlichungen zu mehreren Werken auf einer physischen Einheit überliefert, gelegentlich auch zu Werken verschiedener Verfasser; desgleichen kommt es häufig vor, daß sich die konkrete Dokumentation eines oder mehrerer Werke auf mehrere physische Einheiten verteilt. Mit diesem Sachverhalt ist die Editionspraxis ebenso konfrontiert wie die Praxis der Nachlaßerschließung in einem Literaturarchiv. In einem Literaturarchiv spitzt sich das Problem insofern zu, als die Einheit der Bearbeitung (des Inventarisierens, des Ordnens, des Katalogisierens) stets eine physische Gegebenheit ist.

Der Begriff «Vorlage» wird deshalb erweitert; er bedeutet nunmehr eine physische Einheit, auf der Paralipomena und/oder Fassungen und/oder eine Ausgabe eines oder mehrerer Werke versammelt sind. Wird eine solche physische Einheit in einem Literaturarchiv aufbewahrt, wird sie als *«Archivale»*[9] bezeichnet.

Konfrontiert man diesen Sachverhalt, was nämlich Einheit der archivalischen Bearbeitung ist, mit der Zielsetzung des Erschließens, wie sie aus der Editionstheorie abgeleitet ist, also *einzelne* Werke bei der Identifikation und allgemeinen Bestimmung des Werkzusammenhangs bzw. -bezugs im Auge zu haben, ergibt sich die Notwendigkeit, das Gegebene zu kompensieren: trotz physischer Einheiten *einzelne* Werke zu erschließen. Damit ist eine wesentliche Aufgabe der Katalogisierung (vgl. Kapitel 4) umrissen.

Befund und Überlieferung

Letzte terminologische Präzision ist mit den Begriffen «Vorlage» und «Archivale» noch nicht erreicht. Ein Archivale ist, wie gesagt, eine physische Einheit mit der möglichen Eigenart, ‹Vorlagen› zu mehreren Werken zu beinhalten. Nun begegnet man häufig dem Fall, daß die Materialien zu dem Zeitpunkt, da sie dem Literaturarchiv übergeben werden, in einem für die erste Bearbeitung ungeeigneten Zustand sind; ungeeignet insofern, als die Einheiten der Bearbeitung sowie ihre innere Ordnung nicht gegeben sind. Vielmehr ist es oft erforderlich, Einheiten erst zu konstituieren, da gerne einzelne Bestandteile eines Werk-Dokuments nicht beieinander liegen, die Ordnung der Bestandteile durcheinander gekommen ist und dgl.
Es wird deshalb zwischen Befund und Überlieferung unterschieden: *Befund* ist der Zustand der Nachlässe und der Archivalien bei der Übernahme, *Überlieferung* deren Zustand nach der Erschließung (auch die bloße Prüfung auf die Eignung für die weitere Bearbeitung soll in diesen Zusammenhang eingereiht werden). Die Einheit, wie sie sich in der Überlieferung präsentiert, bezeichnen diese Richtlinien als *«Zeugen»*. Ein Zeuge ist also eine konstituierte und in sich geordnete bzw. auf diese Aspekte hin geprüfte Einheit; sofern ein Zeuge zum Bestand eines Literaturarchivs gehört, ist er ein Archivale im Zustand der Überlieferung. Damit ist «Archivale» der Oberbegriff für alle Stücke im Bestand eines Literaturarchivs, der sowohl Zeugen als auch nicht geprüfte Stücke umgreift.
Natürlich beinhaltet der Begriff «Überlieferung» im obigen Verständnis mehr als nur die Konstitution und innere Ordnung einer Einheit. Alles, was als Ergebnis des Erschließens vorliegt, macht die Überlieferung aus: eine im Sinne dieser Richtlinien identifizierte Vorlage ist gleicherweise als «überliefert» zu bezeichnen.
Der Begriff «Zeuge» wird also wie in der Editionstheorie als «Überlieferungsträger»[10] aufgefaßt, als physische Einheit, wie sie im Rahmen der Überlieferung vorliegt. Entscheidend aber für die Frage des Verhältnisses der Termini «Befund», «Überlieferung» und «Zeuge» zur Terminologie der Editionstheorie ist ein Sachverhalt, der dort eher vernachlässigt wird, dessen Berücksichtigung aber den adaptierten Begriffen eine erweiterte, teilweise präzisere Bedeutung zukommen läßt.
Scheibe meint, daß eine historisch-kritische Ausgabe bei ihrer Veröffentlichung von Zeugen «im Grunde die in den Bibliotheken und Archiven gesammelten Schätze»[11] vervielfältigt. Damit vernachlässigt er einen Schritt, den jeder Editor machen muß und auch macht, auf den Bibliotheken und Archive gemäß ihrem Selbstverständnis in der Regel verzichten, den aber Literaturarchive gleichfalls nach Möglichkeit vollziehen (zu Abstrichen von diesem Ziel s. u.): ein Zeuge muß, wie oben ausgeführt wurde, erst «hergestellt» werden; und sei es nur insoweit, als der gegebene Befund als Zeuge «bestätigt» wird. Erst in diesem Sinne ist Zeuge ein «Überlieferungsträger». So ergibt sich auch die Bedeutung des Begriffs «Befund»: was bei Hans Zeller als faktisch Gegebenes hinsichtlich von

Handschriften anvisiert ist («Nicht der Text der Handschrift, sondern die Handschrift selbst ist der Befund.»[12]), wird auf den *Zusammenhang* der Teile eines Archivales und/oder Nachlasses *erweitert.*
Und ein Letztes: Zeugen in diesem Sinne können sowohl Veröffentlichungen sein als auch Stücke, die, so wie sie konkret vorliegen, im Zustand des Nicht-Veröffentlichtseins sich befinden; ob sie bereits veröffentlicht worden sind oder später einmal veröffentlicht werden, ist jenseits dieser Definition und somit unerheblich. Scheibe unterscheidet in gleicher Absicht gedruckte Zeugen und handschriftliche Zeugen und spricht der Einfachheit halber von Handschriften und Drucken.[13] Diese begriffliche Festlegung greift jedoch nicht, denkt man auch an andere Materialtypen als Papier (Disketten etwa kann man schwerlich als Handschriften bezeichnen); diese Materialtypen sind aber auch terminologisch einzukalkulieren, da sie mehr und mehr den Bestand von Literaturarchiven ausmachen. Da nun alle Begriffe, denen man im Archiv- und Bibliothekswesen auf der Suche nach geeigneten Bezeichnungen begegnet, bereits anderweitig besetzt sind (Autograph, Original, Archivalien), unterscheiden diese Richtlinien zwischen *Ausgaben* auf der einen Seite und Zeugen, welche die Entstehung eines Werkes dokumentieren, d. h. *Entstehungszeugen,* auf der anderen.

Provenienz: eine weitere Quelle zur Werkinterpretation

Als zwei wesentliche, aus dem historischen Werkbegriff abgeleitete Aufgaben wurden bereits das Sammeln und das Identifizieren von Zeugen genannt; wobei sich die Erfüllung dieser Aufgaben an dem Ziel orientiert, dem Benutzer Informationen zur Verfügung zu stellen, die er für eine Interpretation der Werkbedeutungen voraussetzen muß. Nun zeigt sich, daß ein Literaturarchiv gegebenenfalls eine weitere, wesentliche Informationsquelle bereitstellen kann. Diese besteht darin, daß man um die Stellung eines Zeugen im Nachlaß weiß. Gemeint sind damit Daten zum

a. Nachlaß, aus dem ein Zeuge stammt,
b. Stellenwert des Zeugen in der Ordnung des Gesamtnachlasses; im einzelnen auch Daten zur Nachbarschaft zu anderen Nachlaßstücken.

Da diese zwei Informationsquellen mehr oder weniger zu erschließen sind (vgl. Kapitel 3), werden auch die Provenienz bzw. die damit zusammenhängenden Fragestellungen dem Bereich der Überlieferung zugeordnet.

Die Diskussionen zum *Nachlaßbegriff* sind weitläufig; sie sollen für diese Richtlinien in der folgenden Weise entschieden und ergänzt werden.
Ein Nachlaß besteht aus dem *echten Nachlaß* und dem *anreichernden Nachlaßteil.* Der echte Nachlaß beinhaltet alles, was sich bei einem Nachlasser im Laufe seines Lebens gebildet hat und bei seinem Tode vorgefunden wurde oder vorgefunden hätte werden können. Der anreichernde Nachlaß-

teil beinhaltet alles, was nach dem Tode des Nachlassers und vor der Übergabe an das Literaturarchiv dem Nachlaß (von Erben, Besitzern etc.) hinzugefügt wurde.

Diese Bestimmungen zum Nachlaß gehen auf Mommsen[14] zurück, der aber «härter» definiert. Zum einen betrachtet er nur als Teil eines echten Nachlasses, was *organisch* gewachsen ist, und schließt damit Sammlungen des Nachlassers (andere Nachlässe = Kryptonachlässe; dessen Bibliothek), lose Materialien von der Hand anderer und Erinnerungsstücke an den Nachlasser aus. Zum anderen fehlt der Zusatz «vorgefunden hätte werden können», der es ermöglicht, Einzelstücke oder Nachlaßteile, deren Provenienz nicht mehr eindeutig festgestellt werden kann, dem Nachlaß zuzuordnen und somit wichtige Informationen zu erhalten.[15]

Der anreichernde Nachlaßteil, den Mommsen als Fremdkörper ausgeschieden wissen will, wird durch eine Differenzierung des Begriffs Provenienz in den Nachlaß eingegliedert.

Das Provenienzprinzip (von lat. provenire = herkommen) stellt ja nur eine allgemeine Anleitung dar, die Archivalien hinsichtlich ihrer Herkunft (Person bzw. Institution) zu erfassen und zu scheiden. Präziser gefaßt, gibt es die *Entstehungsprovenienz,* welche für die Bildung des echten Nachlasses entscheidend ist, sowie die *Besitzprovenienz,* die sich auf den anreichernden Nachlaßteil auswirkt. Mit anderen Worten: vermindert man den durch das Kriterium der Besitzprovenienz gebildeten Bestand um jenen, der sich aus dem Kriterium der Entstehungsprovenienz ergibt, so erhält man den anreichernden Nachlaßteil.[16] Nicht als Besitzer in diesem Sinn wird das Literaturarchiv behandelt, bei dem der Nachlaß eine letzte Aufbewahrungsstätte finden soll: Anreicherungen durch das Literaturarchiv gelten deshalb nicht als Nachlaßbestand.

Der *Name des Nachlasses* bestimmt sich nach der Entstehungsprovenienz; die Person bzw. Institution, welcher der echte Nachlaß zugeordnet wird, gibt dem Nachlaß den Namen.

Die Provenienz wird auch bei nicht vollständigen Nachlässen berücksichtigt. *Teilnachlaß* ist demnach ein provenienzgebundener Bestand, welcher keinen vollständigen Nachlaß darstellt, aber (zumindest hinsichtlich von Teilen) für das Schaffen und/oder Leben des Nachlassers repräsentativ ist. Als *Nachlaßstück* wird ein Archivale bezeichnet, dessen Provenienz als bedeutsam erachtet wird (u. a. hinsichtlich einer später möglichen Ergänzung aus dem Nachlaßgut), das aber keinem Nachlaß oder Teilnachlaß zugehört.

Der Nachlaßbestand eines Literaturarchivs wird also definiert als Bestand, dessen Archivalien gemäß dem Provenienzprinzip erfaßt und geschieden werden; er besteht aus Nachlässen, Teilnachlässen und Nachlaßstücken.

Analog zur Aufgabenstellung hinsichtlich der Sammlung und Erschließung von Werk-Vorlagen ergibt sich auch hinsichtlich der Provenienz ein gegliederter Funktionsbereich für das Literaturarchiv:

a. Nachlässe müssen *gesammelt* werden; dies soll nicht planlos erfolgen, sondern an den thematischen und/oder regionalen Schwerpunkten des jeweiligen Literaturarchivs orientiert sein. Sammeln heißt auch Ergänzen von Teilnachlässen und Nachlaßstücken.[17]
b. Eng damit verbunden ist die *Identifikation* einzelner Zeugen als Teile von bestimmten Nachlässen (aus welchem Nachlaß stammt dieses oder jenes Stück?).
c. Schließlich gilt es, den Nachlaß zu *ordnen*, um Daten zur Ordnung des Nachlasses und des Stellenwerts des einzelnen Zeugen in dieser Ordnung dem Benutzer zur Verfügung stellen zu können.[18]

Noch einmal: Befund und Überlieferung

Die Erschließung von einzelnen Zeugen sowie von Provenienzzusammenhängen ist ein Ergebnis hermeneutischer Interpretation und dem Bereich der Überlieferung zuzuordnen. Es ist nun eine durchaus legitime Forderung an ein Literaturarchiv, dem Benutzer bei seiner Interpretation nicht vorzugreifen. Indem man dem Benutzer aber die Überlieferung präsentiert, geschieht eben genau das. Auch hier gilt es deshalb, dem unvermeidlichen Anteil an Interpretation bei der Erschließung kompensierend entgegenzuwirken. Zu diesem Zweck wird jeder Bearbeitungsvorgang, sei es die Identifikation von Zeugen, sei es ihre Konstitution und innere Ordnung, sei es die Strukturierung des Nachlaß-Befunds, reversibel gehalten, d. h. in jedem Fall wird durch entsprechende Bearbeitungsregeln gewährleistet, daß der Benutzer den ursprünglichen Zustand, den Zustand des Befunds erfahren kann, wenn er das wünscht.

Nachlaßbestand – nicht provenienzgebundener Bestand

Neben den Nachlaßbeständen eines Literaturarchivs werden auch Materialien gesammelt, welche für ein Literaturarchiv aus den geschilderten Gründen von Bedeutung sind, ohne aber unter irgendeine Provenienz zu fallen. Dies ist der Fall bei

a. Stücken, deren Provenienz als unerheblich erachtet wird oder unbekannt ist,
b. Sekundärmaterial zum Nachlaß (Rezeptionsdokumente, biographische/sozialgeschichtliche Analysen und dgl.),
c. Kopien von Nachlaßgut anderer Institutionen,
d. kritischen Editionen,
e. Veröffentlichungen des Literaturarchivs,
f. Werken aus einem Handapparat zu methodischen, literatur- und sozialgeschichtlichen Problemkreisen und dgl.

Der solcherart gesammelte Bestand eines Literaturarchivs wird als «nicht provenienzgebundener Bestand» bezeichnet (die klassische Archivlehre spricht von «archivischen Sammlungen»[19]).
Der Einfachheit halber sprechen diese Richtlinien von zwei Reihen: *Reihe A* (Nachlaßbestand) und *Reihe B* (nicht provenienzgebundener Bestand). Sie unterscheiden sich im Laufe der Bearbeitung hinsichtlich der Inventarisierung, Ordnung, Lagerung, Signierung und Katalogzuweisung, nicht jedoch hinsichtlich der bibliographischen Beschreibung.
Der *Gesamtbestand* eines Literaturarchivs gliedert sich demnach wie folgt:

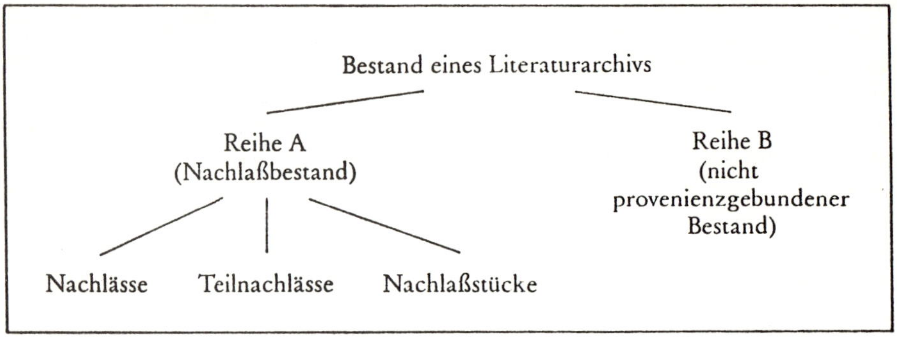

Literaturarchiv zwischen Bibliothek und Archiv: eine Standortbestimmung

Aus den Zielsetzungen dieser Richtlinien hinsichtlich des Sammelns und Erschließens ergeben sich recht klare Kriterien für die Identität der Institution «Literaturarchiv». Da diese Institution ein in Österreich recht junges Phänomen darstellt, scheinen Abgrenzungen gegen Bibliotheken und Archive notwendig, umsomehr, als eben bisher in erster Linie Bibliotheken und Archive Künstler- und Gelehrtennachlässe verwahrt haben.
Archive verwalten vorwiegend *Registraturgut,* d. i. die «Gesamtheit des Schrift-, Bild- und Tonschriftguts, das aus der gesamten Tätigkeit einer bestimmten Behörde oder Dienststelle, einer juristischen oder physischen Person erwachsen ist.»[20] Sie sind dabei in ihrer *Zuständigkeit* an bestimmte Registraturbildner gebunden (z. B. Staatsarchive, Betriebsarchive, Universitätsarchive), d. h. sie sind zuständig für Archivalien, «die aus der Tätigkeit ihres Trägers und seiner Rechts- und Funktionsvorgänger entstanden sind oder entstehen»[21].
Das Registraturgut entstand aus einem *Selbstzweck:* Es sollte die Kontinuität der Tätigkeit des Registraturbildners gewährleisten und dokumentieren. Erst als Archivgut wird das Registraturgut zur Quelle der Forschung.[22] Geordnet, gelagert und verzeichnet wird innerhalb der durch Provenienz abgegrenzten Bestände nach Schriftstückgruppen (Akten).[23] Der Archivar

muß hiefür grundsätzlich nicht über fachwissenschaftliche Kenntnisse bzw. Methoden verfügen.[24]

Die Sammlungstätigkeit der *Bibliotheken* ist grundsätzlich *unbeschränkt* (Literatur aus der ganzen Welt; dabei sind thematische und/oder regionale Schwerpunktsetzungen möglich) und auf Einzelstücke *ohne Provenienzzusammenhang* konzentriert. Der Entstehungszweck des Bestands ist von vorneherein auf *andere* Benutzer gerichtet; dieser Bestand setzt sich zusammen aus Literatur «als Quellenschrifttum und Sekundärliteratur, das den Zweck seiner Entstehung im Bekenntnis, der Dokumentation, der Propaganda, der Unterhaltung, der Erbauung und Belehrung oder der wissenschaftlichen Forschung hat.»[25]

Die Ordnung, Lagerung und katalogmäßige Erschließung orientiert sich im allgemeinen an *Einzelstücken:* sie ist nicht fachwissenschaftlich durchdrungen.

Wie das Archiv Registraturgut sammelt, so sammelt und ordnet ein Literaturarchiv in der Reihe A Nachlässe provenienzorientiert, deren auf sich selbst gerichteter Entstehungszweck Rückschlüsse auf den Nachlasser erlaubt. Wenn es auch keine festgelegte Zuständigkeit wie in den Archiven gibt, so können Literaturarchive ihre «Zuständigkeit» doch thematisch und/oder regional eingrenzen. An das Bibliothekswesen erinnert dagegen die Funktion der Reihe B, welche unbeschränkt und ohne auf die Provenienz bedacht zu sein, Quellen zum Nachlaßbestand sammelt und ordnet. Die Beschreibung der Archivalien bezieht sich in einem Literaturarchiv in *beiden* Reihen auf den *einzelnen* Zeugen; sie ist (auch hinsichtlich ihrer Ausführlichkeit) grundsätzlich bibliothekarisch.

Daraus ließe sich der allgemeine Schluß ziehen, daß Literaturarchive eigentlich eine eher eklektische Symbiose von Archiven und Bibliotheken darstellen. Sie sind dies zwar, aber sie sind auch mehr.

Der entscheidende Unterschied liegt in der Konzeption des Gegenstands, einer Konzeption, welche sich an Vorgaben der Editionstheorie anlehnt. Die Bestände werden im Rahmen eines um die Rezeption erweiterten historischen Werkbegriffs bearbeitet. Hinzu kommt, daß der neu konzipierte Gegenstand eine bestimmte, sich von Bibliotheken und Archiven entscheidend abgrenzbare Art der Bearbeitung fordert, welche als wissenschaftliches Erschließen bezeichnet wird. Dieses Erschließen der Einheit und inneren Ordnung eines Zeugen, dessen Identität und dessen Stellung im zugehörigen Nachlaß vereinigt fachwissenschaftliche Kenntnisse und Methoden mit kriminologischen Fertigkeiten in einem hermeneutischen Prozeß; nicht die Verwaltung und Beschreibung eines Befunds, sondern die Überlieferung als Ziel leitet die Arbeit in einem Literaturarchiv.

1.2.3 Der Ablauf der Bearbeitung

Ein Regelwerk geht von allgemeinen Grundüberlegungen aus. Es sind dies gewissermaßen die ‹frommen Wünsche›. Erst deren Umsetzung in präzise

und detaillierte Arbeitsanweisungen entscheidet über die Praktikabilität eines Regelwerkes. Grundsätze, Praktikabilität und die Kongruenz von Grundsätzen und Praktikabilität sind die Maßstäbe bei der Beurteilung eines Regelwerkes.
Aber da sind noch andere Gegebenheiten der Praxis als der reine Wunsch nach präzisen und detaillierten Arbeitsanweisungen. Praktikabilität ist eigentlich erst dann gegeben, wenn darüber hinaus noch Aspekten des Alltags Rechnung getragen wird: Personalsituation, Finanzen, ein rechtes Verhältnis von Arbeitsaufwand und zu erwartendem Ergebnis (etwa bei unbedeutenden Nachlässen), unterschiedliche Qualifikation der Mitarbeiter, unvollständige Nachlässe, die noch ergänzt werden sollen, und dgl. sind oft die *Widrigkeiten,* welche sich einer reinen Verwirklichung der einleitend entwickelten Grundsätze zu Verwaltung, Sammlung und Erschließung entgegenstellen.

Die Gliederung in Bearbeitungsphasen und Bearbeitungsschritte[26]

Um allen diesen theoretischen wie praktischen Anforderungen entsprechen zu können, gliedern sich diese Richtlinien in drei Bearbeitungsphasen, die drei Bearbeitungsphasen ihrerseits in zahlreiche Einzelschritte:

1. Bearbeitungsphase: Inventarisierung
2. Bearbeitungsphase: Ordnen. Signieren. Lagern
3. Bearbeitungsphase: Katalogisierung

Jede dieser Phasen (die Einzelschritte werden dann in den jeweiligen Kapiteln ausführlich erläutert) verfolgt bestimmte primäre Zwecke: die erste Phase dient in erster Linie der Erfüllung verwaltungsrechtlicher Erfordernisse, die zweite Phase erschließt die Nachlaßordnung, die dritte Phase will für den Benutzer Informationen zu den Beständen eines Literaturarchivs optimal aufbereiten.
Diese Gliederung in Bearbeitungsphasen und -schritte bietet ganz allgemein den Vorteil, daß der Bearbeiter während des Ablaufs seiner Arbeit einfach dem Aufbau dieser Richtlinien folgen kann und nicht – wie es bei eher systematisch konzipierten Regelwerken der Fall ist – zu jedem Schritt Regelungen von verschiedenen Stellen des Buches heranziehen muß (eine kleine Ausnahme machen hier die Anweisungen zur bibliographischen Beschreibung).
Gleichzeitig ermöglicht es diese Gliederung bis hin zu einzelnen Schritten, arbeitsteilig vorzugehen, indem entsprechend den verschiedenen qualitativen Anforderungen der einzelnen Schritte jeweils unterschiedlich qualifizierte Mitarbeiter (wissenschaftliche Mitarbeiter, Bibliothekare, Sekretäre) herangezogen werden.[27]
Die Bearbeitung der Bestände eines Literaturarchivs orientiert sich an Verwaltungserfordernissen und Benutzerwünschen. Die Verwaltungserfordernisse sind im allgemeinen vorrangig; deshalb ist die *erste* Phase jene der

Inventarisierung. Die Herstellung dieser Korrelation von Vorrangigkeit und Reihung (als erste Phase) hat einen bestimmten Hintergedanken: sollte es aufgrund der genannten Widrigkeiten der Praxis nicht möglich oder zweckmäßig sein, viel Aufwand in die Bearbeitung eines bestimmten Nachlasses oder nicht provenienzgebundenen Stückes zu investieren, kann die Bearbeitung nach der ersten Bearbeitungsphase abgebrochen werden, ohne daß der erste Auftrag eines Literaturarchivs (Verwaltung) unerfüllt bleibt. Auch die zweite und dritte Bearbeitungsphase sind unter dem Gesichtspunkt eines möglichen Abbruchs konzipiert und gereiht; jede dieser Phasen erfüllt bestimmte Funktionen – je mehr Phasen ein Archivale durchläuft, umso mehr nähert sich die Bearbeitung der vollständigen Realisierung der allgemeinen Grundsätze.

Nun ist es aber denkbar, daß man die abgebrochene Bearbeitung zu einem späteren Zeitpunkt, in einer günstigeren Situation, wieder aufnehmen und zu einem Ende bringen will. Dies wurde in der Regelung des Bearbeitungsablaufs gleichfalls vorgesehen. Indem die Bearbeitungsphasen analog einem *Baukastensystem* aufeinander aufbauen, kann die Bearbeitung unterbrochen und fortgesetzt werden, ohne durch die Unterbrechung die Bearbeitung in irgendeiner Form zu präjudizieren oder die Homogenität mit anderen, kontinuierlich bearbeiteten Beständen zu beeinträchtigen.

Ein weiteres Mittel zur Ökonomisierung der Bearbeitung entsprechend den Gegebenheiten der Praxis stellt die Möglichkeit dar, innerhalb der einzelnen Phasen die Bearbeitung zu vereinfachen. Diese Regelungen zur Vereinfachung nehmen Bezug auf bestimmte Phasen. Dadurch ist es möglich, auf eine Vereinfachung in anderen Phasen zu verzichten, ohne der Systematik der Bearbeitung Abbruch zu tun. Die Intensität der Bearbeitung kann flexibel gestaltet werden (auf diese Vereinfachungsmöglichkeiten wird im Anschluß an die Charakterisierung jeden Schrittes jeweils eigens hingewiesen).

Um dies kurz zusammenzufassen: Die Gliederung der Regelungen entsprechend der Bearbeitungsdynamik dient in erster Linie der Brauchbarkeit der Richtlinien für die Bearbeitung. Des weiteren kalkulieren die Richtlinien damit Widrigkeiten der Praxis ein und ermöglichen eine arbeitsteilige und in der Intensität der Bearbeitung flexibel auf die jeweiligen Gegebenheiten abgestimmte Vorgangsweise. Dies, ohne daß bei minderer Intensität eine spätere intensivere Bearbeitung unsystematisch wird oder die Homogenität im Gesamtbestand eines Literaturarchivs beeinträchtigt wird.

Im Anhang zu diesen Richtlinien findet sich eine Zusammenstellung zu den einzelnen Bearbeitungsphasen und -schritten, die durch Hinweise auf Möglichkeiten der Vereinfachung und der Arbeitsteilung ergänzt ist.

Das Erfassungsformular

Jede Bearbeitungsphase schließt damit, daß die zu den einzelnen Archivalien gewonnenen Informationen eingetragen werden: in Inventarbücher, in

Erwerbsakten, in eine Nachlaßkartei, in Standortverzeichnisse, auf Katalogkarten.
Da im Laufe der Bearbeitung ständig Informationen anfallen, welche oft zu dem Zeitpunkt, da sie anfallen, aus systematischen Gründen in diese Unterlagen nicht eingetragen werden können, werden für jedes Archivale Erfassungsformulare angelegt, welche ein Archivale von Anbeginn der Bearbeitung begleiten: wann immer sich Informationen ergeben, werden sie unmittelbar und zuerst auf dem Erfassungsformular festgehalten.[28]
Sind die für die jeweilige Phase erforderlichen Informationen auf dem Erfassungsformular festgehalten, werden sie vom Erfassungsformular weg in den Inventarisierungsunterlagen (Inventarbüchern etc.) und auf den Katalogkarten eingetragen. Dies hilft Mehrarbeit zu vermeiden und schont gleichzeitig das Material, da man das Archivale nicht mehr so oft heranziehen muß.
Zwei weitere Vorteile bietet das Erfassungsformular. Erfolgt die Bearbeitung arbeitsteilig, so ist es für den jeweils Beteiligten wichtig zu wissen, welche Daten bereits vorliegen, was er zu ergänzen hat, was er nicht noch einmal erschließen muß. Es erübrigt sich auch eine ‹Abschlußkonferenz› nach Abschluß der Bearbeitung zwecks Versammeln der von den einzelnen Bearbeitern gewonnenen Informationen; das Erfassungsformular bildet die Klammer bei arbeitsteiliger Bearbeitung, indem es eine homogene und ökonomische Zusammenarbeit ermöglicht.
In den Inventarisierungsunterlagen werden nicht alle gewonnenen Informationen eingetragen; die Katalogkarten, welche dagegen ein im Sinne dieser Richtlinien vollständiges Informationsbild vom Archivale geben, können verlorengehen. Die Erfassungsformulare sind die einzige Möglichkeit, alle gewonnenen Informationen auf Dauer und relativ verlustsicher zu speichern. Deshalb werden sie nach Abschluß der ersten Bearbeitungsphase gebunden, für die weitere Bearbeitung in dieser gebundenen Form herangezogen und dann abgelegt.
Das Erfassungsformular gliedert sich in drei Teile:

a. eine Leitzeile, welche Inventarnummer(n), Signatur und Provenienzvermerk aufnimmt,
b. elf Blöcke, welche den Bestandteilen der bibliographischen Einheitsaufnahme (vgl. Kapitel 4) entsprechen,
c. einen Abschnitt für allgemeine Verwaltungs- und Erschließungsvermerke.

(Im Anhang wird ein Muster des Erfassungsformulars wiedergegeben; vgl. auch Kapitel 5, «Beispiele»).

Zweites Kapitel

INVENTARISIERUNG

Einleitung

Gelangen ein Nachlaß, ein Teilnachlaß, ein Nachlaßstück oder ein nicht provenienzgebundenes Archivale in ein Literaturarchiv, so ist zuallererst den verwaltungsrechtlichen Erfordernissen Rechnung zu tragen.
Diese Erfordernisse sind bestimmte Aufgabenbereiche, welche aus den bereits zitierten allgemeinen Zwecken der RIM, § 2 (vgl. Abschnitt 1.1 dieser Richtlinien) abgeleitet werden können.[29] Welche Aufgabenbereiche abgeleitet und wie sie im einzelnen charakterisiert werden, ergibt sich natürlich nicht notwendig aus diesen Zwecken. Die Ableitung von Aufgabenbereichen und deren Charakterisierung berücksichtigt hiefür zwar die einzelnen Bestimmungen der RIM, kalkuliert jedoch auch mit Erfahrungen am Forschungsinstitut «Brenner-Archiv» und Hausgebräuchen anderer Institutionen.[30]
Auswahl und Definition der Arbeitsbereiche orientieren sich bei der Berücksichtigung dieser Vorgaben vorwiegend am Gegenstandsbereich und den damit verbundenen Funktionen, wie dies einleitend konzipiert wurde (vgl. Abschnitt 1.2), am Ablauf der gesamten (Nachlaß)Bearbeitung, sowie am Anspruch, die einzelnen Arbeitsbereiche in systematisierte Zusammenhänge zu bringen bzw. ein Inventarisierungsmodell bereitzustellen.
Im einzelnen besteht die Inventarisierung aus folgenden Verwaltungsaufgaben:

a. Der *Erwerbsvorgang* ist festzuhalten,
b. die *Bestände* sind *zu verzeichnen,*
c. die Bestände sind als *Eigentum* des Literaturarchivs *zu kennzeichnen,*
d. eine *Inventur* ist zu ermöglichen,
e. für die *konservatorische Erhaltung* der Bestände ist Vorsorge zu treffen.

Das Kennzeichnen der Bestände als *Eigentum* des Literaturarchivs ist nicht eigentlicher Gegenstand dieser Richtlinien, da hiefür in Kürze die Bestimmungen von Erika Wimmer-Webhofer vorgelegt werden, welche in dieser Hinsicht die Richtlinien zur Verwaltung und wissenschaftlichen Erschließung von Nachlässen ergänzen (vgl. Anm. 2). Es wird deshalb nur an der entsprechenden Stelle des Bearbeitungsablaufs ein Hinweis auf diesen Bearbeitungsschritt angebracht. Einzelner Regelungen zur *konservatorischen Erhaltung* der Bestände enthalten sich diese Richtlinien aus demselben Grund zur Gänze.

Inventarisierungsunterlagen

Um diesen Aufgaben gerecht zu werden, sind verschiedene Inventarisierungsunterlagen anzulegen: Erwerbsakten bzw. -ordner, Inventarbücher, Standortverzeichnisse, Nachlaßkartei und ein Verzeichnis der Inventarisierungsunterlagen.
In die Erwerbsakten bzw. -ordner werden alle Unterlagen abgelegt, welche die jeweiligen Erwerbsvorgänge dokumentieren (Verträge, Rechnungen, Korrespondenzen und dgl.). Für die einzelnen Nachlässe, Teilnachlässe und Nachlaßstücke werden jeweils einzelne Akte angelegt (für jede Entstehungsprovenienz einer), die Unterlagen für nicht provenienzgebundene Archivalien nacheinander und ohne äußere Gliederung in Ordnern abgelegt.
Das Herz der Verwaltung bilden die *Inventarbücher.* In ihnen werden jene Informationen zu den einzelnen Archivalien festgehalten, welche unabdingbar sind, um diese Archivalien zu *identifizieren.* Weiters sind die Inventarbücher eine Art *Landkarte* im Literaturarchiv. Von ihnen ausgehend müssen die Mitarbeiter eines Literaturarchivs imstande sein,

a. die zugehörigen Erwerbsakten,
b. die zu einem Archivale angefertigten Katalogkarten in den verschiedenen Katalogtypen sowie
c. die Archivalien selbst in den Abteilungen des Depots zu finden.

Und nicht zuletzt werden verschiedene Informationen zum Verwaltungsvorgang selbst hier verzeichnet.
Insgesamt haben die Inventarbücher den Charakter von Urkunden und sind entsprechend zu behandeln.
Standortverzeichnisse sind Verzeichnisse für jene Bestände, deren Lagerung *nicht* der Verzeichnungsabfolge in den Inventarbüchern entspricht. Um eine Inventur zu ermöglichen, sind diese jeweiligen Bestände noch einmal, diesmal entsprechend ihrer Lagerung, zu verzeichnen.
Da Nachlässe in der Regel entsprechend der Reihenfolge ihres Eintreffens verzeichnet werden, da überdies Nachlaßteile – wieder entsprechend der Reihenfolge ihres Eintreffens – auf verschiedene Stellen des Inventarbuchs verteilt sein können, wird eine *Nachlaßkartei* angelegt, um die Nachlaßverwaltung übersichtlich zu gestalten.
Aus dem gleichen Grund, nämlich die Verwaltung übersichtlich zu gestalten, diesmal allerdings nicht auf die Frage nach der Provenienz beschränkt, ist zuletzt ein allen Inventarisierungsunterlagen (Erwerbsakten bzw. -ordner, Inventarbücher, Standortverzeichnisse, Nachlaßkartei) übergeordnetes *Verzeichnis der Inventarisierungsunterlagen* vorgesehen.

Identifizierung der Archivalien

In den Inventarbüchern muß ein Archivale so verzeichnet werden, daß es eindeutig identifizierbar ist, es muß entsprechend beschrieben werden. In der Einleitung zu diesen Richtlinien wurde bereits darauf hingewiesen, daß die einzelnen Phasen aufeinander aufbauen, mit der Katalogisierung als Endziel (vgl. Abschnitt 1.2.3). Nun ist mit «Katalogisierung» in der Hauptsache eine präzise und detaillierte Beschreibung der Archivalien gemeint. Hier decken sich bis zu einem gewissen Grad die Zielsetzungen der ersten und letzten Bearbeitungsphase. Zur Identifizierung eines Archivales sind nicht alle Informationen, wie sie für die bibliographische Beschreibung vorgesehen sind, erforderlich; die inventarmäßige Beschreibung stellt deshalb eine Teilmenge der bibliographischen Beschreibung dar. Es folgt daraus, daß für eine *identifizierende* Beschreibung die Regeln für die bibliographische Beschreibung, wie sie in Kapitel 4 vorgestellt werden, heranzuziehen sind. Diese Abstimmung von identifizierender und bibliographischer Beschreibung ist um so mehr erforderlich, als es ja die Eintragungen im Inventarbuch ermöglichen sollen, direkt die entsprechenden Katalogkarten in den Katalogtypen zu finden (vgl. die Bemerkung zu den Inventarbüchern als Landkarte eines Literaturarchivs).

Inventarbücher als Landkarte in einem Literaturarchiv

Um die Aufgabe, Landkarte zu sein, möglichst effizient zu erfüllen, werden für die einzelnen Archivalien laufend *Inventarnummern* vergeben. Indem die Beschreibungen zu den Archivalien entsprechend den aufsteigenden Inventarnummern im Inventarbuch verzeichnet werden, die Archivalien entsprechend den aufsteigenden Inventarnummern gelagert und die entsprechenden Inventarnummern in den zugehörigen Erwerbsakten vermerkt werden, ist es möglich,

a. von den Erwerbsakten aus die zugehörigen Archivalien im Depot sowie deren Beschreibungen in den Inventarbüchern zu finden,
b. von den Inventarbüchern ausgehend die jeweiligen Archivalien im Depot und, umgekehrt,
c. von den jeweiligen Archivalien im Depot ausgehend die zugehörigen Beschreibungen in den Inventarbüchern zu finden.

Mehrere Inventarbücher – ein Inventarbuch: die Lagerung

Die Sache mit der Vergabe von Inventarnummern ist jedoch etwas komplizierter, als dies bisher den Anschein hat. Man kann festhalten, daß die Inventarnummer die Funktion hat, eine eindeutige und umkehrbare Beziehung vom Lagerungsort des Archivales zum Inventarbuch herzustellen.

Dies ist gewährleistet, indem die Archivalien entsprechend den aufsteigenden Inventarnummern verzeichnet und gelagert werden.
Nun richtet sich die Lagerung in der Hauptsache nach den verschiedenen klimatischen Bedingungen, die Schriftstücke, Gemälde, Medien usw. erfordern; und auch nach den jeweils verschiedenen Aufbewahrungsarten. Ein Literaturarchiv richtet deshalb verschiedene Abteilungen im Depot ein: Abteilungen, welche die verschiedenen klimatischen und Aufbewahrungs-Erfordernisse für die verschiedenen Materialarten jeweils erfüllen.
Dies bedeutet aber, daß die Archivalien entsprechend ihrer Materialart getrennt werden. Um die erforderliche eineindeutige Zuordnung von Lagerungsort des Archivales und Verzeichnung zu erreichen, ist es zweckmäßig, in jeder dieser Abteilungen eine eigene aufsteigende Inventarnummernreihe zu führen und gleichzeitig für jede dieser Abteilungen ein eigenes Inventarbuch anzulegen. Für jede Materialart gibt es also ein eigenes Inventarbuch. Ein letztes Hindernis vor dieser eineindeutigen Zuordnung von Lagerungsort und Verzeichnis stellt das Nebeneinander mehrerer Inventarnummernreihen dar: die gleiche Nummer kann mehrfach vorkommen. Dieses Hindernis wird dadurch beseitigt, daß vor jede Inventarnummer ein Hinweis auf den Lagerungsort in Form einer Sigle gesetzt wird.
Die Frage des Lagerungsortes wird in den Bestimmungen zur ersten Bearbeitungsphase nur kurz und auf das Nötigste beschränkt erörtert. Mehr ist dazu im Abschnitt 3.4 zu erfahren, wo von der Lagerung der Nachlaßbestände die Rede ist, da ja die Nachlässe in einem Literaturarchiv doch von größerer Bedeutung sind als die Bestände der Reihe B.
Die Einführung materialorientierter Inventarnummernreihen gilt jedoch nur für die Bestände der Reihe B. Denn die Bestände der Reihe A bergen einen Informationswert, auf den in der Einleitung zu diesen Richtlinien bereits hingewiesen wurde (vgl. Abschnitt 1.2.2): die zu erschließende Ordnung eines Nachlasses. Die Ordnung eines Nachlasses richtet sich aber nicht nach der Materialart der einzelnen Archivalien, sondern bestimmt sich ausschließlich nach inhaltlichen und formalen Gesichtspunkten. Geordnet wird der Nachlaß erst in der Phase *nach* der Inventarisierung. Und erst danach wird der jeweilige Nachlaß – primär entsprechend der erschlossenen Ordnung – endgültig gelagert. Deshalb verbietet es sich, den Nachlaß bereits in der Phase der Inventarisierung gemäß den Materialarten auseinanderzureißen. Das Procedere ist hier ein anderes als bei den Beständen der Reihe B (nicht provenienzgebundene Bestände weisen per definitionem die Information «Nachlaßordnung» nicht auf): die Inventarnummern werden ohne Trennung nach Materialarten vergeben und die Archivalien ohne Berücksichtigung der Materialarten entsprechend den aufsteigenden Inventarnummern «zwischengelagert». Deshalb genügt für Nachlaßbestände *ein* Inventarbuch.

Eigene Numerierung der Erwerbsunterlagen

Bisher wurden Inventarnummern als entscheidende Bedingung für die Inventarbücher als Landkarte erläutert. Nicht möglich jedoch ist es, begnügt man sich mit den Inventarnummern, von den Inventarbüchern aus die zugehörigen Erwerbsakten bzw. -ordner zu finden. Denn die Erwerbsakten bzw. -ordner werden unabhängig von der Vergabe von Inventarnummern abgelegt und mit Nummern versehen.
Dies ist aus mehreren Gründen notwendig. Es ist damit zu rechnen, daß in kurzer Abfolge mehrere Nachlässe bzw. nicht provenienzgebundene Stücke zu übernehmen sind. Die Erwerbsunterlagen sind sofort abzulegen, während die Inventarisierung – und damit die Vergabe der Inventarnummern – entsprechend den «Widrigkeiten der Praxis» warten muß bzw. jene Bestände zuerst zu inventarisieren sind, bei denen das Benutzerinteresse eben vordringlicher ist, unabhängig von der Reihenfolge des Eintreffens.
Ein weiterer Grund: Wie bereits angedeutet, ist es erforderlich, bei nicht provenienzgebundenen Beständen *mehrere* aufsteigende Inventarnummernreihen einzuführen, während die Erwerbsunterlagen zu diesen Beständen der Reihe B (nicht provenienzgebundene Bestände) nur in *einer* Reihenfolge, nämlich der Reihenfolge des Eintreffens im Literaturarchiv, abzulegen sind.
Der letzte Grund für eine getrennte Numerierung von Erwerbsunterlagen und Archivalien betrifft den Bestand der Reihe A. Bei Nachlässen ist damit zu rechnen, daß sie nicht auf einmal, sondern in mehreren Schüben in das Literaturarchiv gelangen: da die Inventarisierung sofort nach Einlangen zu erfolgen hat, ist es eher die Regel, daß die Inventarnummern zu einem Nachlaß nicht ohne Unterbrechungen (durch andere, dazwischen einlangende Bestände) aufsteigen. Dennoch will man alle Erwerbsunterlagen zu *einem* Nachlaß in *einem* Akt vereinen und nicht deren Ablage von den zugehörigen Inventarnummern abhängig machen.
Daraus folgt, daß man die Erwerbsunterlagen nicht entsprechend den aufsteigenden Inventarnummern ordnen kann; die Erwerbsakten bzw. -ordner müssen eine davon unabhängige Numerierung erhalten. Erst wenn diese Nummern der zugehörigen Erwerbsakten bzw. -ordner in den Inventarbüchern vermerkt werden, ist es möglich, von den Inventarbüchern ausgehend die entsprechenden Erwerbsunterlagen zu finden.

Inventarbuch als Landkarte auch nach der zweiten Bearbeitungsphase

Will man der Funktion der Inventarbücher als Landkarte gerecht werden, ist noch eine weitere Gegebenheit einzukalkulieren, eine Gegebenheit, die nur die Bestände der Reihe A betrifft.
Es wurde bereits von der Nachlaßordnung als Informationsquelle gesprochen (vgl. auch Abschnitt 1.2.2). Das Ordnen eines Nachlasses ist jedoch ein eher zeitaufwendiges Verfahren und kann erst nach der Inventarisie-

rung, die ja möglichst bald nach Eintreffen des Nachlasses zu erfolgen hat, einsetzen. Das Ordnen eines Nachlasses ist deshalb Aufgabe der zweiten Bearbeitungsphase (vgl. Kapitel 3).
Nach der *ersten* Bearbeitungsphase wird ein Nachlaß entsprechend den aufsteigenden Inventarnummern im Depot zwischengelagert; die Archivalien können deshalb vom Inventarbuch ausgehend eindeutig lokalisiert werden (und umgekehrt). Nach der *zweiten* Bearbeitungsphase (Ordnen) wird der Nachlaß jedoch anders gelagert, nämlich primär entsprechend der Ordnung, womit die Inventarnummern die Lokalisierungsfunktion verlieren. Diese Lokalisierungsfunktion übernehmen nun die Signaturen im Nachlaßbestand (vgl. die Abschnitte 3.3 und 3.4). Damit das Inventarbuch auch da noch Landkarte sein kann, werden die Signaturen der Nachlaßarchivalien nach Abschluß der *zweiten* Phase im Inventarbuch zu den entsprechenden Inventarnummern eingetragen.

Inventur und Inventarbücher

Zur Verwaltung gehört eine regelmäßige Überprüfung der «mengenmäßigen Übereinstimmung zwischen buchmäßigem Bestand (Soll-Bestand) und tatsächlichem Bestand (Ist-Bestand)» (RIM, § 2,c). Dafür werden im Laufe der Bestandsbearbeitung die Voraussetzungen geschaffen.
Nach Abschluß der Inventarisierung sind in beiden Reihen die Bestände entsprechend der Lagerungsreihenfolge verzeichnet; deshalb können hier die einzelnen Inventarbücher zur Revision herangezogen werden.
In dieser Hinsicht ändert sich für die Bestände der Reihe B während der Bearbeitung nichts mehr. Anders ist dies bei den Nachlaßbeständen. Hier müssen für die Inventur nach Abschluß der zweiten Bearbeitungsphase eigene Standortverzeichnisse angelegt werden, da nunmehr Ordnung und Verzeichnung nicht mehr korrespondieren. Mehr dazu im Abschnitt 3.5.

Eine Aufgabe jenseits der Verwaltung: die Befundordnung

Die Bearbeitung eines Nachlasses beschränkt sich in weiterer Folge nicht auf dessen Inventarisierung. Wesentliches Ingredienz der Gegenstandskonzeption dieser Richtlinien ist die Vorstellung, daß die Ordnung eines Nachlasses wichtigen Quellenwert für die Werkinterpretation im einzelnen hat. Deshalb wird nach der Inventarisierung der Nachlaß geordnet. Ordnen ist aber Erschließen, und Erschließen stets ein interpretierender Vorgang. Der Interpretation aber soll sich ein Literaturarchiv möglichst enthalten und, wo diese unerläßlich ist, kompensierend entgegenwirken. Kompensierend entgegenwirken in dem Sinn, daß der interpretierende Anteil dem Benutzer jederzeit verdeutlicht werden kann.
Der Nachlaßbefund ist in dieser ersten Bearbeitungsphase im allgemeinen noch nicht tangiert. Wird die vorgefundene Ordnung in irgendeiner Form

zu diesem Zeitpunkt festgehalten, kann der Benutzer stets hinter die erschlossene Ordnung, die er ja nach der Nachlaßbearbeitung präsentiert bekommt, zurückgehen.
Aus diesem Grund wird dieser ersten Phase der Bearbeitung, die vorwiegend durch Verwaltungsfunktionen definiert ist, eine zusätzliche Aufgabe übertragen, die selbst bereits jenseits der Verwaltung liegt und enge Bezüge zu den im allgemeinen später zu berücksichtigenden Benutzerinteressen aufweist: das Festhalten der Befundordnung.
Dabei sind im einzelnen drei Ordnungsverhältnisse von Bedeutung:

a. die Anordnung der Blätter bzw. Teile innerhalb eines Archivales,
b. die unmittelbare Nachbarschaft eines Archivales zu anderen Archivalien,
c. die Vereinigung mehrerer Archivalien.

Nicht eigens festzustellen ist der zweite Punkt, die unmittelbare Nachbarschaft eines Archivales zu anderen Archivalien, da diese bereits – durch die Abfolge der Inventarnummern entsprechend der vorgefundenen Reihung – gegeben ist.

Bearbeitungsschritte

2.1 Ablegen und Beziffern der Erwerbsunterlagen

Die Erwerbsunterlagen zu den Beständen der Reihe A werden anders abgelegt als jene zu den Beständen der Reihe B.

REIHE A (vgl. Abb. 1). Für jede Entstehungsprovenienz wird ein Akt angelegt. Die Akten werden fortlaufend numeriert und mit dem Namen des Nachlasses versehen. Wird ein Nachlaß in mehreren Schüben übernommen, denen jeweils verschiedene Erwerbsunterlagen zugehören, wird von einer Erwerbseinheit gesprochen. Für jede Erwerbseinheit wird im jeweiligen Akt eine eigene Abteilung eröffnet und mit einer systematischen Unternummer versehen.
Auf jedem Stück des Aktes kann zusätzlich links unten die Nummer des Aktes bzw., sofern mehrere Erwerbseinheiten vorhanden sind, zusätzlich die systematische Unternummer angebracht werden.

REIHE B. Hier gibt es nur Erwerbseinheiten. Sie werden laufend numeriert und – durch Kartons o. ä. voneinander getrennt – in Ordnern abgelegt. Auf

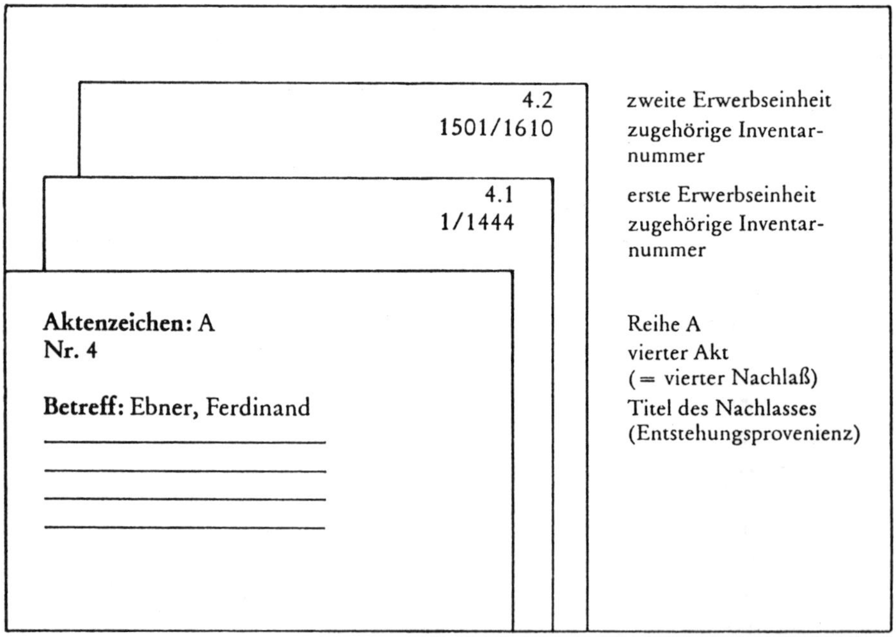

Abb. 1: Beispiel für einen Nachlaßakt mit zwei Erwerbseinheiten (Beispiel z. T. fingiert)

dem Karton (o. ä.) wird die laufende Nummer der nachfolgenden Unterlagen angebracht. Auf jedem Stück einer Erwerbseinheit kann zusätzlich links unten die Nummer der Erwerbseinheit angegeben werden.

2.2 Bestimmen der Inventarisierungseinheiten

Nachdem die Erwerbsunterlagen abgelegt und beziffert sind, werden die neu zu verzeichnenden Bestände gesichtet, dies mit dem Zweck, die *Einheiten* der Inventarisierung festzulegen.
Inventarisieren kann man: Vorlagen, die auf einer physischen Einheit ein Werk beinhalten; Vorlagen, die auf einer physischen Einheit mehrere Werke beinhalten; Vorlagen, die auf mehreren physischen Einheiten ein Werk beinhalten; Vorlagen, die auf mehreren physischen Einheiten mehrere, als zusammengehörig vorgefundene Werke beinhalten.
Solche Vorlagen werden als Archivalien bezeichnet und bilden eine mögliche Einheit der Inventarisierung. Eine Zusammenführung von nicht beieinander liegenden, wohl aber als zusammengehörig erschließbaren Vorlagen; auch ein Auseinanderwerfen von Vorlagen, die zwar im Befund eine physische Einheit bilden, aber als nicht zusammengehörig erschlossen werden können: solche Veränderungen finden nicht statt.
Entsprechend einem Abwägen der Bedeutung der Archivalien mit den Widrigkeiten der Praxis (vgl. Einleitung, Abschnitt 1.2.3) kann es sinnvoll sein, mehrere, im Befund aufeinander folgende Archivalien zusammenzufassen. Eine solche Zusammenfassung von Archivalien wird als Konvolut bezeichnet; Konvolute sind eine weitere mögliche Einheit der Inventarisierung. Konvolute sind hier möglichst ohne interpretierenden Eingriff, möglichst in Anlehnung an Gegebenheiten des Befunds zu bilden.

Die Bestimmung von Archivalien als Inventarisierungseinheiten ist in Zweifelsfällen *bei arbeitsteiligem Vorgehen* dem wissenschaftlichen Mitarbeiter vorbehalten; Konvolute sind nur von wissenschaftlichen Mitarbeitern zu bestimmen.

2.3 Vergeben der Inventarnummern. Anlegen von Erfassungsformularen

Jedes Archivale bzw. jedes Konvolut erhält eine Inventarnummer. Die Inventarnummer wird mit Bleistift auf dem Archivale angebracht; und zwar so, daß sie möglichst auf den ersten Blick erfaßt werden kann: bei Schriftstücken etwa auf der Vorderseite (des ersten Blattes), bei Kassetten und dergleichen auf den Behältnissen. Ist dies nicht möglich, ohne das Objekt zu beeinträchtigen (z. B. bei Fotografien ohne Rand), wird die Inventarnummer an der nächstmöglichen Stelle festgehalten (z. B. auf der Rückseite). Die Inventarnummer wird stets an der linken unteren Ecke des

Archivales angebracht; entscheidend ist hiefür der Schrift- bzw. Bildspiegel (wichtig etwa bei auseinandergefalteten Blättern).
Umfaßt ein Archivale mehrere physische Einheiten (z. B. lose Blätter, Behältnisse mit Inhalt), so wird die Inventarnummer unter Berücksichtigung der obigen Bestimmungen zum Anbringungsort auf jeder physischen Einheit wiederholt. Diese Regelung wird im allgemeinen auch auf Konvolute angewandt. Indes kann es aus ökonomischen Gründen angebracht sein, auf das Anbringen derselben Inventarnummern auf allen Archivalien (und deren einzelnen physischen Bestandteilen) zu verzichten; in diesem Fall genügt es, die Inventarnummer auf dem zugehörigen Behältnis (vgl. Abschnitt 3.4) anzubringen. Man muß sich in diesem Fall jedoch bei der späteren Bearbeitung sowie bei der Ausgabe an Benutzer besonderer Sorgfalt und Kontrolle befleißigen. Insbesondere verbietet es sich, Einzelstücke aus Konvoluten an Benutzer auszuhändigen.
Welche Inventarnummern für die Archivalien bzw. Konvolute vergeben werden, ist bei Beständen der Reihe A anders geregelt als bei jenen der Reihe B.

REIHE A. Alle Archivalien des gesamten Nachlaßbestands werden, bei 1 beginnend, aufsteigend durchnumeriert.

> *Beispiel:* Der Nachlaßbestand eines Literaturarchivs umfaßt bereits 15000 laufend numerierte Archivalien. Nun wird ein neuer (Teil)-Nachlaß übernommen, der 2123 Archivalien beinhaltet. Diese Archivalien werden nun in der vorgefundenen Anordnung, beginnend mit der Nummer 15001, durchnumeriert. Nach Abschluß der Vergabe der Inventarnummern haben die Archivalien dieses (Teil)Nachlasses die Nummern 15001 - 17123.

REIHE B. Die Archivalien werden entsprechend ihrer Materialart gruppiert, wobei die unterschiedliche Lagerung in den Abteilungen des Depots, ausschlaggebend ist (siehe vor allem Abschnitt 3.4).
Abteilungen des Depots die eröffnet werden können, sind in Abb. 2 aufgelistet.

Alle Archivalien einer Abteilung werden, bei 1 beginnend, aufsteigend durchnumeriert. Vor jede Inventarnummer wird, getrennt durch Bindestrich, die Sigle der jeweiligen Abteilung gesetzt; die Siglen sind mnemotechnisch gebildet und in der obigen Darstellung der Abteilungen festgehalten. Einzig die Abteilung für Schriftstücke verzichtet auf eine Sigle: bei Schriftstücken wird dementsprechend vor die Inventarnummer keine Sigle gesetzt.
Inventarnummer und Abteilungssigle ergeben in der Reihe B die Standortnummer (Signatur).

> *Beispiel:* Kauft das Literaturarchiv ein Buch, so wird es als nicht provenienzgebundenes Stück behandelt. Es wird in der Unterabteilung

PAPIER-ABTEILUNG	P
Schriftstückabteilung (liegende Lagerung): Schriftstücke, Zeitungsausschnitte, Kopien etc.	---
Plakatabteilung (liegende Lagerung ohne Faltung): Plakate, Grafiken etc.	P(P)
Buchabteilung (stehende Lagerung ohne Zwischenräume): Bücher, abgeschlossene Periodika etc.	P(B)
Zeitschriftenabteilung (stehende Lagerung mit Zwischenräumen): unabgeschlossene Schriftenreihen, unabgeschlossene Periodika etc.	P(Z)
Sondergruppe (durch Form und/oder Größe besondere Lagerung)	P(SG)
NICHT-PAPIER-ABTEILUNG	N
Schallplattenabteilung	N(S)
Tonbandabteilung: Spulen, Kassetten	N(T)
Diapositivabteilung: gerahmte Diapositive	N(D)
Filmabteilung: Nitrofilme, Sicherheitsfilme	N(F)
Videobandabteilung: verschiedene Systeme	N(V)
Negativabteilung: Diastreifen, Fotonegative	N(N)
Fotoabzugabteilung: Schwarzweißabzüge, Farbabzüge	N(A)
Gemäldeabteilung	N(G)
Sondergruppe (durch Form und/oder Größe besondere Lagerung)	N(SG)

Abb. 2: Abteilungen im Depot samt zugehörigen Siglen (für die Schriftstückabteilung ist keine Sigle vorgesehen); siehe auch Abb. 8

«Bücher» aufgestellt. Diese Unterabteilung ist durch die Sigle «P(B)» gekennzeichnet. In dieser Unterabteilung ist dieses Buch nun das 21. Stück. Die vollständige Inventarnummer lautet deshalb: «P(B)-21».

Sind die Inventarnummern auf den Archivalien bzw. auf den Behältnissen von Konvoluten oder der darin enthaltenen Archivalien eingetragen, wird eine den vergebenen Inventarnummern entsprechende Anzahl von Erfassungsformularen bereitgestellt (vgl. Abschnitt 6.4). Sodann ist auf *jedem* Erfassungsformular *eine* der vergebenen Inventarnummern an dem hiefür vorgesehenen Ort («Inv.-Nr.») einzutragen; man beachte, daß auch *einem* Konvolut nur *ein* Erfassungsformular zugeordnet wird. Die Erfassungsformulare werden nun entsprechend den aufsteigenden Inventarnummern (in der Reihe B getrennt nach Materialart) gereiht.

Arbeitsteilung. Die Vergabe von Inventarnummern und das Anlegen von Erfassungsformularen sind nicht Aufgabe des wissenschaftlichen Mitarbeiters.

2.4 Feststellen der Befundrelationen. Festhalten erster Informationen auf dem Erfassungsformular. (Zwischen)Lagern.

Nachdem die Inventarnummern vergeben und jeweils auf dem Erfassungsformular eingetragen sind, wird jedes Archivale einzeln herangezogen. Dies hat den Zweck, für Bestände der Reihe A die Befundordnung festzustellen und – was nun wiederum für alle Bestandsarten gilt – gleichzeitig das Archivale erstmals zu beschreiben; in der Regel werden diese zwei Funktionen in einem Arbeitsschritt erfüllt.
Die Befundordnung des Nachlasses wird in Form von Relationen der einzelnen Archivalien geprüft. Gegenstand der Prüfung ist zweierlei: Einmal die Anordnung der Blätter bzw. Teile innerhalb des Archivales sowie die Vereinigung mehrerer Archivalien.
Die *Blätter bzw. Teile eines Archivales* werden entsprechend der vorgefundenen Anordnung, jeweils mit 1 beginnend, durchnumeriert; die jeweilige Blatt- bzw. Teilnummer wird links oben angebracht, wobei die Bestimmungen zur Anbringung von Inventarnummern (vgl. Abschnitt 2.3) analog gelten. Ist es absehbar, daß eine spätere Korrektur der Anordnung von Blättern bzw. Teilen innerhalb eines Archivales nicht erforderlich sein wird, kann rechts oben foliiert werden (da rechts oben im allgemeinen die erschlossene Anordnung foliiert wird – vgl. Abschnitt 3.1 –, ist durch das Fehlen einer Numerierung der Befund-Anordnung die Übereinstimmung von Befund und Überlieferung angezeigt).
Gruppenrelationen können sein:

a. Ein Archivale befindet sich *in* einem anderen Archivale,
b. mehrere Archivalien finden sich unter einem formalen oder inhaltlichen Gesichtspunkt *nebeneinander zusammengefaßt* vor, ohne daß ein Archivale das andere beinhaltet.

Gruppenrelationen werden im Erfassungsformular unter der Rubrik «Erschließungsverm.:» festgehalten.
Befindet sich ein Archivale in einem anderen, so wird beim einen der Vermerk «Beinh.:» (für: «Beinhaltet») angebracht und dazu die Inventarnummer des beinhalteten Archivales gesetzt (z. B.: «Beinh.: 1670»). Auf dem Erfassungsformular des beinhalteten Archivales wird der Vermerk «In:» und dazu die Inventarnummer des beinhaltenden Archivales gesetzt (z. B.: «In: 1669»).
Sind nebeneinander liegende Archivalien vom Nachlasser zu formalen oder inhaltlichen Gruppen zusammengefaßt worden, verzichtet man darauf, die Gruppenzusammengehörigkeit des einzelnen Archivales auf dem jeweiligen Erfassungsformular zu wiederholen. Es wird vielmehr ein *neues* Erfassungsformular angelegt, auf dem in der Rubrik «Inv.-Nr.» der *Bereich* der Inventarnummern der jeweiligen Gruppe (z. B.: «1638/1672») und im Erschließungsvermerk die Bezeichnung «Gruppe» , gegebenenfalls, nach Doppelpunkt, Spatium (:), auch eine Charakterisierung des Gesichtspunkts der Gruppenbildung verzeichnet (z. B.: «Gruppe: ‹Herbst›»). Dieses Erfas-

sungsformular für die Gruppe erhält sonst keinerlei weitere Eintragungen und wird in der Abfolge der Erfassungsformulare vor das Erfassungsformular für das erste Archivale dieser Gruppe abgelegt.
Nun gibt es arbeitsökonomische Überlegungen, die es ratsam erscheinen lassen, die Relationen des gesamten Nachlasses oder nur von Teilen des Nachlasses nicht zu erheben. Ob so zu verfahren ist, muß anhand der folgenden Kriterien geprüft werden:

a. In welchem Ausmaß geht bei der endgültigen Ordnung die vorgefundene Ordnung verloren?
b. Steht die Bedeutung des Nachlasses in einem vernünftigen Verhältnis zum Arbeitsaufwand?

Werden nun die Befundrelationen nicht geprüft, so ist dies gleichfalls festzuhalten. Dies erfolgt nicht auf einem Erfassungsformular, sondern gleich auf der Titelseite des Nachlasses (vgl. Abschnitt 2.5). Bei Konvoluten entfällt die Überprüfung von Befundrelationen in der Regel, ohne daß das eigens notiert werden muß.
Im Rahmen dieses Arbeitsschrittes werden auch erste Daten zur Beschreibung des Archivales bzw. des Konvoluts auf dem Erfassungsformular festgehalten: Es sind dies die zur *bibliographischen Identifizierung* erforderlichen Informationen.
Diese Informationen stellen eine *Teilmenge der Einheitsaufnahme* dar, welche im 4. Kapitel dieser Richtlinien geregelt wird. Die Kenntnis dieses Kapitels ist deshalb Voraussetzung für den hier erläuterten Bearbeitungsschritt.
Es werden in jedem Fall erhoben und festgehalten:

a. Erster Ordnungsblock (Kopf der Haupteintragung),
b. gegebenenfalls ein zweiter Ordnungsblock sowie die Daten zum Kollationsvermerk bzw. zur physischen Beschreibung.

Bei Korrespondenzstücken ist überdies die Gattungsbezeichnung («Korr.») als Zusatz zum Sachtitel zu vermerken. Sofern es ohne erheblichen Mehraufwand möglich und der Identifizierung dienlich ist, können weitere Elemente der Einheitsaufnahme aufgenommen werden.
Handelt es sich um Konvolute, so ist im Erschließungsvermerk auf dem Erfassungsformular die Bezeichnung «Konv.» zu notieren.
Nach diesem Schritt sollen die Archivalien bis zum Abschluß der ersten Bearbeitungsphase nach Möglichkeit nicht mehr herangezogen werden. Deshalb sind sie nun als *Eigentum* des Literaturarchivs zu kennzeichnen; deshalb werden nun auch noch gegebenenfalls Vermerke zur *Restaurierung* auf dem Erfassungsformular unter der Rubrik «Verwaltungsverm.» notiert. Dasselbe gilt schließlich für Hinweise auf *Benutzungsbeschränkungen* bzw. *Sperren.* Solche können sich ergeben

«- aus Gründen der Wahrung von Urheber- und Persönlichkeitsschutzrechten,

- bei bereits gedruckten Archivalien, wenn der Forschungszweck durch Einsicht in die Drucke erreicht werden kann,
- in Sonderfällen, etwa bei Deposita oder Beständen, in denen das Archiv selbst durch besondere Regelungen gebunden ist,
- wenn der Erhaltungszustand einer Handschrift durch die Benutzung gefährdet werden könnte.»[31]

Zu Möglichkeiten der Arbeitsteilung: Feststellung der Befundordnung, Festhalten erster Informationen sowie Vermerke zur Restaurierung fallen im allgemeinen in die Kompetenz des bibliothekarischen Dienstes, für die Kennzeichnung als Eigentum kann man Sekretäre heranziehen. Einschränkungen und Sperren hinsichtlich der Benutzung sind vom wissenschaftlichen Mitarbeiter zu verfügen. Dessen Hilfestellung beim Gewinnen erster bibliographischer Informationen richtet sich nach der Schwierigkeit des Gegenstands und kann etwa bei Entzifferungsproblemen, bei Fragen der Ansetzung der Namen von Personen, bei zu erschließenden Daten erforderlich werden.

Die Bestände der Reihe B können nun bereits endgültig gelagert werden. Nicht möglich ist dies bei den Nachlaßbeständen: Es gilt, für sie ein geeignetes Zwischendepot einzurichten. Dabei ist darauf zu achten, daß sie hier entsprechend dem Numerus currens der Nachlaßreihe A abgelegt werden. Im einzelnen beschäftigen sich mit der Frage der Ablagerung die Abschnitte 3.4 und 3.6 dieser Richtlinien.

2.5 Eintragung in die Inventarbücher. Nachtragen der zugehörigen Inventarnummern in den Erwerbsunterlagen[32]

Für die Eintragung in die Inventarbücher werden die Erfassungsformulare entsprechend den vorhandenen Inventarbuchtypen auseinandersortiert und jeweils gemäß dem Numerus currens geordnet. Dabei ist an folgende Inventarbuchtypen gedacht:

a. Ein Inventarbuch für alle Bestände der Reihe A,
b. für jede Materialart der Bestände der Reihe B ein gesondertes Inventarbuch.

Die Daten aus den Erfassungsformularen werden nun in die zugehörigen Inventarbücher gemäß den aufsteigenden Inventarnummern unter Berücksichtigung der allgemeinen Bestimmungen der RAK-WB (etwa Zeichensetzung, Abkürzungen, Unterstreichungen; vgl. Abschnitt 4.2) eingetragen. Die Eintragung erfolgt vorerst auf losen Inventarbuch-Blättern (vgl. Abschnitte 6.5 und 6.6), welche in Ringbüchern abgelegt werden. Dies ermöglicht ein maschinenschriftliches und von mehreren Arbeitskräften gleichzeitig vorgenommenes Verzeichnen der Bestände. Allerdings reichen für diesen Arbeitsschritt die Erfassungsformulare allein nicht aus. Denn um von den Inventarbüchern aus einen direkten und eindeutigen Zugriff zu den jeweiligen Erwerbsunterlagen zu ermöglichen, sind zu den Informationen, wie sie sich aus den Erfassungsformularen ergeben, noch weitere Angaben zum Standort der Erwerbsunterlagen zu machen. Aus anderen Gründen, aber gleichfalls um die Verwaltung zu erleichtern, werden – insbesondere in der Reihe A – überdies noch Angaben zur Bearbeitung, zum Erwerb und zur Rechtslage zusammengestellt und in das Inventarbuch eingetragen.

Reihe A

Das Inventarbuch der Reihe A sieht für die *Einzelverzeichnung* der Archivalien bzw. Konvolute die Spalten «Inventarnummer», «Signatur», «Beschreibung» und «Anmerkungen» vor (vgl. Abb. 3). Die Signatur wird in der zweiten Bearbeitungsphase nachgetragen (vgl. Abschnitt 3.5).

INV.-NR.	SIGNATUR	BESCHREIBUNG	ANMERKUNGEN
59		Ebner, Ferdinand: Spaziergang im Winter. – 1 Bl. : eh. m. U.	

Abb. 3.: Eintragung in das Inventarbuch : Reihe A (vgl. das Muster einer Inventarbuchseite der Reihe A im Anhang dieser Richtlinien)

Vor die Einzeleintragungen zu einem Nachlaß, Teilnachlaß oder provenienzgebundenen Einzelstück wird jeweils ein *Titelblatt* eingeschoben, welches allgemeine Bemerkungen zur nachfolgenden Verzeichnunsgruppe enthält. In der Regel handelt es sich dabei um:

a. den *Provenienzvermerk* (Titel des Nachlasses),
b. den *Erwerbsvermerk* (Erwerbspartner; Erwerbsart: Kauf, Zuteilung, Schenkung, Tausch; Anschaffungswert; Nummer des Erwerbsaktes bzw. der Unterabteilung des Erwerbsaktes),
c. den *Rechtsvermerk* (Benutzungsbeschränkungen; Rechtsverhältnisse; evtl. Rechtsgeschichte),
d. den *Bearbeitungsvermerk* (Name des Bearbeiters, Zeitraum der Eintragung),
e. *sonstige Anmerkungen* (z. B. Hinweis darauf, daß Befundrelationen nicht geprüft wurden).

Sind diese allgemeinen Angaben hinsichtlich einzelner Archivalien bzw. Konvolute zu differenzieren, so wird dies bei der Einzelverzeichnung in der Rubrik «Anmerkungen» notiert.

Reihe B

Für Bestände der Reihe B gibt es nur Einzelverzeichnung. Die Inventarbücher sehen die Spalten «Inventarnummer», «Beschreibung», «Datum» (Tag der Eintragung), (Nummer der) «Erwerbseinheit» und «Anmerkungen» vor (vgl. Abb. 4). Die Abteilungssigle, welche bei Archivalien der Reihe B auf dem Archivale steht (vgl. Abschnitt 2.3), kann im Inventarbuch in der Rubrik «Inventarnummer» entfallen. Eine Signatur wird hier nicht nachgetragen.

INV.-NR.	BESCHREIBUNG	DATUM	ERWERBS-EINHEIT	ANMERKUNGEN
12134	Gegen den Traum vom Geist: Ferdinand Ebner. – 251 S.	86.11.12	B 3.25	

Abb. 4.: Eintragung in das Inventarbuch : Reihe B : P(B)3 (vgl. das Muster einer Inventarbuchseite der Reihe B im Anhang dieser Richtlinien)

Nach der Verzeichnung des Standorts der Erwerbsunterlagen gelangt man zwar ohne Schwierigkeiten vom Inventarbuch aus zu den zugehörigen Erwerbsunterlagen, umgekehrt kann man den Weg noch nicht gehen. Deshalb werden nun in den Erwerbsakten (Reihe A) bzw. den Erwerbseinheiten (Reihe B) die entsprechenden Serien der Inventarnummern oder gegebenenfalls auch nur einzelne Inventarnummern nachgetragen.

2.6 Abschlußarbeiten

Jedes Inventarbuch wird vorerst in Lose-Blatt-Form (Ringbuch) geführt (vgl. Abschnitt 2.5). Ist eine entsprechende Anzahl von Blättern ausgefüllt, wird das Ringbuch gebunden, da das Inventarbuch den Status einer Urkunde hat und ihm nichts entnommen werden können sollte. Das gebundene Inventarbuch wird mit einem allgemeinen Titel versehen (z. B.: «Inventarbuch : Reihe A»; «Inventarbuch : Reihe B : P(B)3»). Hinzu treten das Dienstsiegel des Literaturarchivs, die Unterschrift des Leiters der Institution und das Datum der Eröffnung des Inventarbuchs. Fortsetzungsbände werden überdies durch eine fortlaufende Inventarbuchnummer gekennzeichnet.

Gleichfalls gebunden werden die Erfassungsformulare. Dabei sind – wie bei den Inventarbüchern – so viele Bände (und Fortsetzungen) anzulegen, wie es Inventarnummernreihen gibt. Um die einzelnen Erfassungsformulare rasch auffinden zu können, wird auf jedem einzelnen Band die Serie der beinhalteten Inventarnummern angegeben (z. B.: «1501/1750»; «P(B)1-1/

250»). Mit dem Vorteil größerer Handlichkeit für die weiteren Bearbeitungsphasen, denen die Erfassungsformulare gleichfalls als Verzeichnungsunterlagen dienen, verbindet sich damit auch die Möglichkeit, bevorzugten Benutzern bereits zu diesem Zeitpunkt Zugriff zu den Beständen zu geben, indem man ihnen die Erfassungsformulare als Quellen aushändigt. Dieser Zugriff ist zwar durch die Anordnung nach Inventarnummern eher bescheiden, durch die den aufsteigenden Inventarnummern entsprechende Lagerung der Archivalien aber eindeutig und direkt.
Es hat sich bereits gezeigt, daß ein Nachlaß in Abständen und auf verschiedenen Wegen übernommen werden kann. Da sofort nach Erhalt inventarisiert werden muß, verteilt sich ein Nachlaß in Form von Inventarnummern-Nestern im ganzen Inventarbuch. Deshalb ist es zweckmäßig, eine alphabetisch geordnete *Nachlaßkartei* anzulegen, welche die verschiedenen Nachlaßteile für den internen Gebrauch zusammenführt. Sie enthält unter dem Titel des Nachlasses die zugehörigen Serien von Inventarnummern und ist nach jeder Eintragung eines Nachlaßbestands in das Inventarbuch jeweils zu vervollständigen.
Ein Literaturarchiv hat nun nicht nur für den Nachlaßbestand und für die einzelnen Abteilungen der Reihe B Inventarbücher, sondern innerhalb der zu inventarisierenden Reihen auch Fortsetzungsbände. Für die Inventarisierung sind zudem weitere Unterlagen wie Erwerbsakten und -ordner, Nachlaßkartei, Standortinventare (vgl. Abschnitt 3.5), gebundene Erfassungsformulare, Mappe der Nachlaßberichte (vgl. Abschnitt 2.7) vorhanden. Um hier die Übersicht zu behalten und gegebenenfalls Verluste feststellen zu können, ist ein übergeordnetes *Verzeichnis der Inventarisierungsunterlagen* – analog zum Inventar-Kontenverzeichnis der RIM – vorgesehen, welches die einzelnen Unterlagen und erforderlichenfalls deren Standort im Literaturarchiv nachweist. Dieses Verzeichnis ist laufend zu vervollständigen.

Arbeitsteilung. Bindearbeiten werden in der Regel außer Haus gegeben; die Beschriftung der Bände wie auch das Betreuen von Nachlaßkartei und Inventarisierungsverzeichnis ist im allgemeinen Aufgabe von bibliothekarisch ausgebildeten Kräften.

2.7 Bericht des wissenschaftlichen Mitarbeiters

Den Abschluß der Verzeichnung und ersten Sichtung in der Reihe A bildet der Bericht durch den wissenschaftlichen Mitarbeiter. Dieser hat sich im Rahmen der Durchsicht und (Teil)Lektüre «seines» Nachlasses, Teilnachlasses oder Nachlaßstücks bis zu diesem Zeitpunkt eine – von der Intensität der Bearbeitung abhängige – Kenntnis des Materials angeeignet. Im Zusammenhang mit der kursorischen Darstellung des Bestands ist er nun angehalten, u. a.

a. Vorschläge zu einer weiteren gezielten Sammeltätigkeit zu machen,

b. darzulegen, ob bzw. in welcher Intensität der Nachlaß seines Erachtens weiter bearbeitet werden soll,
c. vorzuschlagen, daß mit der weiteren Bearbeitung eines Teilnachlasses bzw. eines Nachlaßstücks *gewartet* werde, da weitere Teile in absehbarer Zeit übernommen werden, welche dann homogen mit den bereits vorhandenen Teilen geordnet, signiert und gelagert werden können,
d. Möglichkeiten einer späteren Edition zu skizzieren (Gesamt- oder Teilausgabe, historisch-kritische, Studien- oder Leseausgabe).

Dieser Bericht ist Fachwissenschaftlern, dem Leiter des Literaturarchivs, weiteren Mitarbeitern usw. mit der Bitte um Stellungnahme vorzulegen. Damit ist es möglich, das jeweilige Forschungsinteresse zu berücksichtigen, einen möglichst ökonomischen Einsatz von Zeit und Mitteln im Rahmen der Tätigkeiten des Literaturarchivs anzustreben sowie weitere Anregungen hinsichtlich der Vervollständigung des Nachlasses zu erhalten.

Drittes Kapitel

ORDNEN. SIGNIEREN. LAGERN

Einleitung

Nach der ersten Bearbeitungsphase, der Inventarisierung, sind alle verwaltungsrechtlichen Pflichten erfüllt: Die Archivalien sind in den verschiedenen Unterlagen verzeichnet, die zugehörigen Erwerbsunterlagen angelegt, die Bestände gelagert oder zwischengelagert. Überdies hat man dem Benutzer über die Erfassungsformulare einen engen, aber ersten Zugang eröffnet und durch den Bericht des Bearbeiters neben anderem den weiteren Bearbeitungsablauf vorgeplant.

Bevor mit der Katalogisierung begonnen werden kann (vgl. Kapitel 4), bevor also die Bestände für den Benutzer ausgiebig beschrieben und nach verschiedenen Gesichtspunkten erschlossen werden, muß Vorsorge getroffen werden, daß die Informationen zur Ordnung der Nachlässe erschlossen werden und somit einem wichtigen Aspekt des Selbstverständnisses dieser Richtlinien Genüge getan wird (vgl. Kapitel 1). «Informationen zur Ordnung der Nachlässe erschließen» bedeutet, daß

a. die Nachlässe geordnet werden und
b. diese Ordnung dem Benutzer ersichtlich gemacht wird, ohne daß er in das streng gehütete Depot eines Literaturarchivs eindringen muß.

Ordnet man aber die Nachlaßbestände *nach* der Inventarisierung, so ist man vorerst nicht mehr in der Lage, die einzelnen Archivalien im Depot zu finden. Dies ist bisher möglich gewesen, da die Bestände entsprechend der Abfolge der Inventarnummern abgelegt worden sind.

Verzichtet man auf eine erneute «Umordnung» gemäß den Inventarnummern, nachdem der Nachlaß geordnet und die Ordnung des Nachlasses festgehalten worden ist – dagegen spricht nicht nur der vermehrte Arbeitsaufwand –, so ergibt sich nunmehr die Notwendigkeit, einen Weg zu finden, der auch *nach* der Ordnung einen direkten Zugang zu den Archivalien im Depot ermöglicht.

Lagert man also – wie sich daraus zwingend ergibt – die Bestände entsprechend der Ordnung des Nachlasses, so muß an die Stelle der Inventarnummern ein anderes Lokalisierungsinstrument treten, das der neuen Lagerung des Nachlasses entspricht. Dieses Instrument ist im Signaturmodell dieser Richtlinien gegeben.

Ordnung – Lagerung entsprechend der Ordnung – Signaturen entsprechend der Lagerung. Dieser Zusammenhang ermöglicht es, in den Signaturen gleichzeitig die Ordnung des Nachlasses zu dokumentieren und die einzelnen Archivalien des Nachlasses zu finden.
Dieser Zusammenhang wird jedoch vorderhand gestört. Die Lagerung gemäß der Ordnung wird dort zum frommen Wunsch, wo die einzelnen Archivalien, welche in der Ordnungssystematik zusammengehören, wegen ihrer unterschiedlichen Materialbeschaffenheit in verschiedenen Abteilungen des Depots gelagert werden müssen. Es ergibt sich daraus eine weiterreichende Anforderung an das Signaturmodell: auch wenn die Ordnung in der realen Ablagerung (in der Regel nur teilweise) aufgelöst wird, sollen die Signaturen zumindest ideell imstande sein, die Ordnung des Nachlasses abzubilden; gleichzeitig aber auch bei der geschilderten Ausdifferenzierung der Lagerung die Lokalisierung gewährleisten.
Wie über die Signaturen dem Benutzer die Ordnung eines Nachlasses vermittelt wird, ist Gegenstand der letzten Bearbeitungphase: vorderhand gilt es, hiefür die Voraussetzungen zu schaffen.

Reihe A - Reihe B

Diese Richtlinien gehen davon aus, daß über die Daten zu Einzelstücken hinaus der provenienzmäßige Zusammenhang derselben Aufschlüsse für die wissenschaftliche Interpretation geben kann. Daraus folgt, daß alle *nicht* provenienzgebundenen Bestände (Reihe B) von dem Bearbeitungsschritt der Ordnung und den sich daraus ergebenden Konsequenzen für Signatur und Lagerung ausgeschlossen werden. Da aber *alle* Bestände eines Literaturarchivs dann doch in den gleichen Abteilungen zu lagern sind, ist bei der Bearbeitung auch von Einzelstücken der Reihe B – nachdem man die Schritte zur Ordnung und Signierung übersprungen hat – der entsprechende Abschnitt (3.6) dieser Richtlinien heranzuziehen. Auch um sich zu verdeutlichen, daß die Lagerungsart jeder der zwei Reihen von verschiedenen Voraussetzungen sich ableitet und deshalb in jeder der Abteilungen eine Lagerungs-Reihe A und eine Lagerungs-Reihe B einzurichten sind (vgl. die Einleitung zu Kapitel 2).

Ordnen

Bereits wiederholt wurde auf den Erkenntniswert, den die Nachlaßordnung bergen kann, hingewiesen. Im einzelnen besteht dieser Erkenntniswert in der Möglichkeit, folgende Fragen zu beantworten:

a. Was hat sich beim Nachlasser im Laufe seines Lebens angesammelt? Was wurde von späteren Besitzern hinzugefügt?
b. Was von diesem echten Nachlaß betrifft den Nachlasser im enge-

ren Sinn selbst? Was betrifft andere Personen oder Körperschaften?

c. Welche Werk-Zeugen, Korrespondenzstücke und Lebensdokumente finden sich im Nachlaß? Gibt es homogene Sammlungen des Nachlassers?
d. Welche inhaltlichen Schwerpunkte lassen sich in seiner Produktion ausmachen? Wer waren seine Korrespondenzpartner? Zu welchen Bereichen gibt es Lebensdokumente?
e. Wann hat er welche Werke geschrieben? Wem hat er wann geschrieben? Von wem wurde ihm wann geschrieben? Aus welcher Zeit stammen die Lebensdokumente?
f. Welche war die intendierte Einheit eines Zeugen? Welche die intendierte Ordnung innerhalb dieses Zeugen?

Es wird nun ein allgemeines *Nachlaßordnungsschema* eingeführt. Dieses allgemeine Schema gliedert den Nachlaß in Ordnungsgruppen und beinhaltet überdies Bestimmungen zur Feinordnung innerhalb dieser Gruppen. Das Nachlaßordnungsschema ist so konzipiert, daß es eine Beantwortung der genannten Fragen ermöglicht: die Fragen werden in Ordnungsgesichtspunkte umgesetzt.
Bereits aus den Fragen, aus denen nun das Ordnungsschema entwickelt werden soll, ergibt sich, daß für die Ordnung eines Nachlasses das jeweilige Medium des Archivales (Tonband, Gemälde, Manuskript, Buch u. ä.) kein Kriterium darstellt.

Allgemeines Nachlaßordnungsschema

Die Frage (a), was sich denn beim Nachlasser im Laufe seines Lebens angesammelt hat, was hingegen von späteren Besitzern hinzugefügt wurde, ist die Frage nach der *Provenienz.* Sie bestimmt das oberste Gliederungsprinzip: Nachlässe werden nicht aufgesplittert, sondern als Einheiten behandelt. Entsprechend den Überlegungen zur Provenienz im Abschnitt 1.2.2 dieser Richtlinien, wird der Begriff Provenienz nach *Entstehungs-* und *Besitz*provenienz differenziert. Auch diese Differenzierung ist in der Frage enthalten und setzt sich in das zweite Ordnungsprinzip um. Im geschlossen geordneten Nachlaß werden zwei Gruppen gebildet: die Gruppe des echten Nachlasses und die des anreichernden Nachlaßteils.
Die zweite Frage (b) bewirkt im echten Nachlaß eine Ausgliederung der weiteren Materialien zu anderen Personen (oder auch Körperschaften); jene Stücke, welche direkt mit dem Nachlasser zu tun haben, werden in Entsprechung zur Frage (c) nach Werk-Zeugen vom Nachlasser, Korrespondenzstücken von und an den Nachlasser und Lebensdokumenten zum Nachlasser gruppiert. In Entsprechung zur gleichen Frage werden auch die Materialien zu anderen Personen oder Körperschaften geordnet: homogene Sammlungen werden vor den losen Materialien gereiht.

Die Fragen (d) und (e) betreffen schließlich die Feinordnung innerhalb der nunmehr gebildeten Nachlaßgruppen. Die Feinordnung orientiert sich in erster Linie an den formalen Gesichtspunkten des Alphabets und der Chronologie; bei den Werk-Zeugen und den Lebensdokumenten können auch inhaltliche Kriterien ergänzend hinzutreten. Das Ziel der Feinordnung besteht darin, jedem Archivale seinen eindeutigen Ort in der Nachlaßordnung zuzuweisen.

Diese letzte Ordnungseinheit ist nicht bereits im Befund gegeben. Vielmehr muß, nachdem bei der Inventarisierung auf ein Zusammenführen von nicht beieinander liegenden, wohl aber als zusammengehörig erschließbaren Vorlagen bzw. auf ein Auseinanderwerfen von Vorlagen, die zwar im Befund eine physische Einheit bilden, aber als nicht zusammengehörig erschlossen werden können, verzichtet worden ist (vgl. Abschnit 2.2), dies nun gegebenenfalls nachgeholt werden. Dasselbe gilt für die Abfolge der Teile einer Vorlage. Eine solche Erschließung orientiert sich an der Absicht, aus einer oder mehreren äußeren Einheiten eine inhaltliche, innere, «überlieferte» Einheit (vgl. Abschnitt 1.2.2 sowie die Einleitung zu Kapitel 4) zu generieren. Auf diese Überlieferung zielt die Frage (f) in der obigen Zusammenstellung ab; deren Beantwortung in der Ordnungspraxis stellt damit die Voraussetzung für die letzte Stufe der Feinordnung dar.

Nun ist es auch möglich, den bereits eingeführten Begriff «Werk-Zeuge» näher zu kommentieren. Die Einheit des Ordnens ist stets eine physische Einheit. Auch wenn die Einheit, durch Erschließungsprozesse an inhaltliche Zusammenhänge angenähert, zum Zeugen wird, sind eben nicht Werke die Einheit des Ordnens. Bestenfalls beinhaltet ein Zeuge ein Werk. «Werk-Zeugen» sind also Zeugen, welche Werke dokumentieren. Der Begriff «Zeuge» verhindert auch, auf ein bestimmtes Medium zu reduzieren: hielte man sich etwa an den Terminus «Werkmanuskripte», müßte man alle Werke auf audiovisuellen Medien, alle Werke der bildenden Kunst u. ä. ausgliedern.

Allerdings soll nicht verschwiegen werden, daß der Begriff «Werk» seine Tücken hat. Natürlich sind auch Korrespondenzstücke «Werke», und Lebensdokumente gleichfalls. In diesem allgemeinen Sinne ist der Begriff im Abschnitt zur *Katalogisierung* indes gebraucht. Für das *Ordnen* jedoch sollen im engeren Sinne künstlerische oder gelehrte Produktionen unter Werken verstanden werden.

Was für Werke gilt, sollte auch für Korrespondenzstücke (und Lebensdokumente) gelten: auch hier sind nicht Korrespondenzstücke, sondern «Korrespondenzstück-Zeugen» die Einheit des Ordnens. Das ist mit dem eingeführten Begriff zwar gemeint; allein aus sprachästhetischen Gründen wird auf dieses Wortungetüm verzichtet.

Individuelle Nachlaßordnung

Ein allgemeines Nachlaßordnungsschema gibt dem Bearbeiter Hilfestellung, indem es ihn von oft zeitraubenden ad-hoc-Überlegungen befreit, und dient gleichzeitig einer Standardisierung auch über die Grenzen des einzelnen Literaturarchivs hinaus. Gleichzeitig muß aber Vorsorge dafür getroffen werden, daß das Schema nicht zum Prokrustesbett für den einzelnen Nachlaß wird; auch daß den Widrigkeiten der Praxis (Personalnöte, Etatbegrenzungen u. ä.) Rechnung getragen werden kann. Flexibilität und Gelenkigkeit sind da die Ansprüche. Das allgemeine Nachlaßordnungsschema ist deshalb im Sinne dieser Richtlinien gleichsam die Folie, vor der ein Nachlaß geordnet wird, eine allgemeine Idee, die individuell konkretisiert werden kann.

Dieses Schema repräsentiert gleichzeitig auch eine Maximalvorstellung, die mit Abstrichen gleichermaßen verwirklicht werden kann, ohne das allgemeine Konzept zu tangieren. Werden allerdings Abstriche gemacht, so schränkt das auch die Möglichkeiten ein, die eingangs formulierten Fragen zu beantworten.

Eine Ordnung, die den Besonderheiten des Nachlasses und den praktischen Möglichkeiten eines Literaturarchivs gerecht wird, kann grundsätzlich durch folgende Verfahren erreicht werden:

a. Variieren der Reihenfolge von Ordnungsgruppen und Untergruppen,
b. Ersetzen der schematischen durch nach inhaltlichen Gesichtspunkten gebildete Gruppen,
c. Auslassen von Kriterien der Feinordnung,
d. Übernehmen der vorgefundenen Ordnung,
e. Bilden von Konvoluten.

Signieren

Eine Signatur, welche die hierarchische Ordnung eines Nachlasses abbilden will, muß hierarchisch konzipiert sein. Jeder Zeuge eines Nachlasses erhält deshalb eine systematische Nummernkombination, welche darüber Auskunft gibt, an welcher Stelle einer bestimmten Gruppe des Nachlasses dieser Zeuge situiert ist (*Gliederungsnummern* in der Art «1.3.4»). Aus zwei Gründen ist die systematisch-numerische Kennung allein nicht ausreichend, um über die Spiegelung der Ordnung hinaus auch die Lokalisierungsfunktion einer Signatur zu erfüllen.

Die systematisch-numerische Kennung eines Zeugen bezieht sich auf die Ordnung in dessen Nachlaß. Nun können aber mehrere Zeugen in *anderen* Nachlässen grundsätzlich dieselbe Gliederungsnummer haben, wodurch die von einer Signatur geforderte Eindeutigkeit so noch nicht gegeben ist. Deshalb wird vor die Gliederungsnummer eines Zeugen eine Bearbeitungsnummer gesetzt.

Die *Bearbeitungsnummer* wird bewußt von einer (in diesen Richtlinien nicht vorgesehenen) Nachlaßnummer unterschieden. Die Praxis des Nachlaßerwerbs lehrt, daß ein Nachlaß selten geschlossen übernommen werden kann: die Regel ist vielmehr ein schubweiser Erwerb, oft verbunden mit der nachträglichen Ergänzung durch Einzelstücke. Nun wird das jeweils vorhandene Material geordnet und auf der Basis *dieser* Ordnung einsigniert. Würde man spätere Erwerbungen in den bereits geordneten und signierten Bestand eines Nachlasses eingliedern, so hätte das eine Unterwanderung der bereits festgeschriebenen Signaturensystematik zur Folge. Zudem wäre eine reibungslose Lagerung der Bestände gefährdet, wenn man sich vor Augen hält, daß in den Abteilungen ein bearbeiteter Bestand nach dem anderen zu liegen kommt und deshalb bei nachträglichen Einfügungen das bekannte «Rücken» unvermeidlich wäre. Aus diesen Gründen wird – unter Berücksichtigung des Bearbeiterberichts (vgl. Abschnitt 2.7) – gegebenenfalls mit der Ordnung zugewartet, dann alles zu einem bestimmten Zeitpunkt vorhandene Material geordnet und signiert. Spätere Erwerbungen werden nicht eingegliedert, sondern als eigene Einheiten betrachtet. Die systematisch-numerische Kennung eines Zeugen – so muß man nun präziser formulieren – bezieht sich also auf die jeweilige Bearbeitungseinheit. Um Verwechslungen mit anderen Gliederungsnummern in anderen Nachlässen zu vermeiden, wird diese durch die Nummer der Bearbeitungseinheit ergänzt. Da die jeweiligen Bearbeitungseinheiten im Depot unmittelbar nacheinander aufgestellt werden, empfiehlt es sich, die Bearbeitungsnummern entsprechend der Lagerung laufend zu vergeben.
Doch auch diese Kombination von Bearbeitungs- und Gliederungsnummer gewährleistet eine ausreichende Lokalisierbarkeit noch nicht. Nach dem Ordnen und Signieren werden die einzelnen Stücke eines Nachlasses auf die verschiedenen, ihnen jeweils entsprechenden Abteilungen des Depots verteilt. Die Reihenfolge der in den jeweiligen Abteilungen gelagerten Archivalien bestimmt sich nach den Bearbeitungs- und Gliederungsnummern der jeweils dort gelagerten Stücke, wodurch sie – trotz der entstehenden Lücken – auch aufgefunden werden könnten, wenn aus der Signatur ersichtlich wäre, in welcher Abteilung sie nun denn gelandet sind. Daraus ergibt sich die letzte Ergänzung hin zur vollständigen Signatur : *vor die Bearbeitungs- und Gliederungsnummer wird eine Sigle der jeweiligen Abteilung des Depots gesetzt.*
Zwei weitere Vorteile führten zur Entscheidung für dieses Signaturmodell: zum einen überstehen diese Signaturen Umlagerungen des Materials in andere (größere oder kleinere) Behältnisse, ohne daß sie die Fähigkeit verlieren, den Lagerungsort direkt anzugeben. Der zweite – und wichtigere – ergibt sich aus der bei der Ordnung vorgesehenen Konvolutbildung: für Konvolute entscheidet man sich oft aus historisch begründeten Erwägungen (etwa: «Für diesen Nachlaß besteht zur Zeit kein großes Forschungsinteresse»; oder: «Zur Zeit haben wir für eine detaillierte Ordnung nicht genügend Mitarbeiter»); Konvolute soll man deshalb grundsätzlich auch auflösen können. Da jedes Konvolut als ein einzelner Zeuge geordnet und

signiert wird, können bei einer späteren Feinordnung (und Katalogisierung der Einzelstücke; vgl. Abschnitt 4.1) für die beinhalteten Archivalien durch das Einführen einer weiteren Gliederungsstufe Einzelsignaturen vergeben werden. Das Signaturmodell ist – um es auf einen Begriff zu bringen – *offen*.

Zu anderen Signaturmodellen[33]

Um den Blick für das in diesen Richtlinien entwickelte Signaturmodell zu schärfen, sei es erlaubt, in aller Kürze zwei alternative Modelle vorzustellen. Zudem soll dies für jene Institutionen, deren Tradition eine unmittelbare Übernahme des systematischen Modells ausschließt, Anregung sein, zu prüfen, welche Grundgedanken und ob überhaupt im Rahmen des jeweils Gegebenen realisiert werden können.

Reiner Numerus currens der Individualsignaturen. Hier werden alle Archivalien der Reihe A nachlaßübergreifend nach Abschluß ihrer Ordnung einfach durchgezählt und mit den entsprechenden Nummern versehen. Dieses Modell ist in der Lage, die Archivalien direkt zu lokalisieren; es übersteht auch Umlagerungen ohne Folgen für den Sinn der Signaturen. Es zeigt aber durch seine Signaturen weder an, aus welchem Nachlaß das Archivale kommt, noch, welchen systematischen Stellenwert es im jeweiligen Nachlaß hat. Durch zusätzliche Hilfsmittel kann jedoch dem Benutzer die Ordnung transparent gemacht werden (etwa durch Reiterkarten in einem Katalog, welcher die Karteikarten entsprechend dem Numerus currens reiht). Nicht möglich ist es dagegen, den Archivalien eines Konvoluts später Individualsignaturen zu geben (die Bildung von Untergruppen nach dem Muster «1230 = Konvolut wird zu 1230.1, 1230.2 usw. = Archivalien» unterläuft das Wesen eines Numerus currens).

Behältnisorientiert-systematisches Modell. In diesem System sind die Kassetten (bzw. andere Lagerbehältnisse) die erste Hauptgruppe, die eingelegten Mappen (u. ä.) die erste Untergruppe, die enthaltenen Archivalien die zweite Untergruppe. Dieses Modell ist gleichfalls imstande, die Archivalien direkt zu lokalisieren. Die sich hier ergebenden Signaturen zeigen aber weder direkt an, aus welchem Nachlaß das Archivale stammt, noch geben sie dessen systematischen Stellenwert im Nachlaß an. Die Auflösung von Konvoluten ist grundsätzlich möglich (die Kassetten- und Mappennummern werden vergeben, die enthaltenen Archivalien aber nicht einsigniert). Umlagerungen übersteht diese Signatur dagegen nicht, ohne daß eine «leere, unverständlich gewordene Chiffre»[34] übrigbleibt, da neue Behältnisse bei einer behältnisorientierten Signatur eigentlich keine neue Signatur erfordern.

Nachträge in den Inventarisierungsunterlagen

Wenn gesagt wurde, daß mit der Signatur ein Archivale auch *nach* der Ordnung lokalisiert werden kann, so ist damit recht eigentlich nur die Voraussetzung hiefür geschaffen. «Lokalisierbar» ist ein relationaler Begriff: mitgemeint ist auch der Standpunkt, von dem aus das Archivale gefunden werden soll. Erst wenn an diesem Standpunkt – das sind hier die Inventarisierungsunterlagen – die Signatur verzeichnet ist, führt ein Weg zum Archivale. Das Inventarbuch ist in erster Linie Landkarte in einem Literaturarchiv; diese Funktion ist durch die Umordnung vorübergehend außer Kraft gesetzt worden und wird nun durch eine Zuordnung der Signaturen zu den Inventarnummern wieder hergestellt. Dasselbe gilt für die Erfassungsformulare und späterhin auch für die Katalogkarten (vgl. Kapitel 4).

Erleichterung der Revision

Da die Abfolge der Inventarnummern im Inventarbuch der Reihe A nicht mehr der Lagerungsreihenfolge entspricht, kann das Inventarbuch nur mehr erschwert zur Revision, zur Überprüfung der Bestände, herangezogen werden. Deshalb werden nun neue Inventarisierungsunterlagen eingerichtet: Standortverzeichnisse, welche die Informationen des Inventarbuchs – nach Abteilungen des Depots gegliedert – in der Reihenfolge der Bearbeitungs- und Gliederungsnummern enthalten (daß für die Revision der Bestände der Reihe B die jeweiligen Inventarbücher herangezogen werden können, wurde bereits erläutert; vgl. Einleitung zu Kapitel 2).

Besonderheiten bei Konvolutbildung

Etwas komplexer ist die Vorgangsweise hinsichtlich der Zuordnung von Signaturen zu Inventarnummern bei Konvoluten. Konvolute werden auch in der zweiten Bearbeitungsphase als Möglichkeit vorgesehen, den Widrigkeiten der Praxis durch ökonomisches Vorgehen zu begegnen. Auf den ersten Blick hin scheint es da kein Problem zu geben: Konvolute werden wie einzelne Zeugen behandelt; jedes Konvolut erhält eine einzige Signatur. Erst wenn man den gesamten Bearbeitungsablauf berücksichtigt, damit auch die Tatsache, daß bereits bei der Inventarisierung Konvolute gebildet worden sind oder durch Ordnen Konvolute entstehen, wo es vorher nur einzeln verzeichnete Stücke gegeben hat, wird die Notwendigkeit ergänzender Regelungen deutlich.
Die in der ersten Bearbeitungsphase gebildeten «Inventarisierungs-Konvolute» werden dort ja beschrieben, mit Inventarnummern versehen und sowohl in den Erfassungsformularen als auch im Inventarbuch verzeichnet. Beim Ordnen ist nun grundsätzlich mit folgenden Möglichkeiten zu rechnen:

a. Ein Inventarisierungs-Konvolut wird als (Ordnungs)Konvolut übernommen,
b. ein Inventarisierungs-Konvolut wird in seine Einzelstücke aufgelöst,
c. ein Inventarisierungs-Konvolut wird (wie bei b) aufgelöst, die Einzelstücke dann aber in mehreren Ordnungs-Konvoluten neu zusammengesetzt,
d. mehrere Inventarisierungs-Konvolute werden aufgelöst und zu mehreren, anders gearteten Ordnungs-Konvoluten umgestaltet,
e. einzeln inventarisierte Archivalien werden zu Ordnungs-Konvoluten zusammengefaßt.

In den Fällen (b) bis (e) besteht dann aber keine Identität von inventarisierten und nach der Ordnung einsignierten Einheiten mehr; dies gilt sowohl hinsichtlich der Numerierung als auch hinsichtlich der Beschreibung. Nur zusätzliche Regelungen sind hier imstande, im Rahmen der gegebenen Grundzüge der Richtlinien diese Inkongruenz zu bewältigen.

Bearbeitungsschritte

3.1 Bilden von Ordnungsgruppen. Bestimmen der Ordnungseinheiten

Jeder Nachlaß bzw. die zum Zeitpunkt des Ordnens vorhandenen Stücke eines Nachlasses bilden die allgemeinste Einheit der Ordnung. Innerhalb dieser Bearbeitungseinheit werden nach folgendem allgemeinen Nachlaßordnungsschema *Gruppen* gebildet:

1. echter Nachlaß
1.1 Werk-Zeugen vom Nachlasser
1.2 Korrespondenzstücke vom und an den Nachlasser
1.3 Lebensdokumente zum Nachlasser
1.4 weitere Materialien zu anderen Personen bzw. Körperschaften
2. anreichernder Nachlaßteil

Dabei sind *Werk-Zeugen* jene physischen Einheiten, auf denen sich ungeachtet deren Materialart in der Hauptsache künstlerische und gelehrte Schöpfungen in Form von Paralipomena, Fassungen und/oder Ausgaben überliefert sind.

Beispiele für Werk-Zeugen: Dramenskizze, Romanreinschrift, Hörspielaufnahme, Fotoabzug, Buch, Gemälde, Gedicht in Briefform.

Als *Korrespondenzstücke* gelten unabhängig von Form, Inhalt[35] oder Materialart jene physischen Einheiten, auf denen überwiegend Mitteilungen eines Absenders (Person oder Körperschaft) an einen Empfänger (Person oder Körperschaft) in Form von Paralipomena, Fassungen und/oder Ausgaben überliefert sind.

Beispiele für Korrespondenzstücke: Brief, Briefentwurf, Telegramm, Postkarte, Leserzuschrift, Einladung, Mitteilung als Gedicht, Kondolenzschreiben.

Unter *Lebensdokumenten* werden alle jene physischen Einheiten verstanden, auf denen ungeachtet deren Materialart überwiegend private oder öffentliche Zeugnisse (sofern sie für den Nachlasser diese Bedeutung gehabt haben könnten) in Form von Paralipomena, Fassungen und/oder Ausgaben überliefert sind. Im allgemeinen enthalten sie Daten zur Biographie des Nachlassers; öffentliche Zeugnisse werden dem echten Nachlaß zugeordnet, weil unter Provenienz hier «die juristische oder physische Person zu verstehen ist, für die die Urkunde ausgestellt wurde»[36].

Beispiele für Lebensdokumente: «persönliche Unterlagen wie Urkunden über Herkunft, Ernennungen und Ehrungen, Diplome, Ausweise und Zeugnisse, auch Bildnisse (Fotografien), sowie Dokumente zur privaten Geschäftsführung, z. B. über Vermögens- und Steuerangelegenheiten, Prozeßakten, [...] Abrechnungen. Ferner kommen Dokumente aus der amtlichen Tätigkeit hinzu, z. B. über Berufungsvorgänge, Dekanat, Rektorat, Mitgliedschaft in einer Akademie, Herausgeberschaft einer Zeitschrift, ein politisches Amt oder sonstige Öffentlichkeitsarbeit.»[37]

Weitere Materialien zu anderen Personen bzw. Körperschaften sind physische Einheiten, für welche dieselben Kriterien wie für die ersten drei Nachlaßgruppen gelten, die aber hinsichtlich der Autorschaft von Werk-Zeugen, der Korrespondenzpartner, des Betreffs von Lebensdokumenten nicht dem Nachlasser zuordenbar sind.

Beispiele für weitere Materialien: Kryptonachlaß, Bibliothek des Nachlassers[38], dem Nachlasser zugeschicktes Manuskript, Rezension zu einem Werk des Nachlassers, Erinnerungsstück an den Nachlasser (Totenmaske, Schreibfeder, Hausschuhe usw.).

Der *anreichernde Nachlaßteil* beinhaltet alle jene physischen Einheiten, welche dem echten Nachlaß durch spätere Besitzer hinzugefügt und mit dem echten Nachlaß dem Literaturarchiv übergeben worden sind. Entsprechende, d. h. dem echten Nachlaß nicht zuordenbare Ergänzungen durch das Literaturarchiv werden hier nicht subsumiert. Sie werden den Beständen der Reihe B zugeordnet.

Der *Individualität eines Nachlasses* kann dadurch Rechnung getragen werden, daß je nach dessen Schwerpunkten die Reihenfolge der Ordnungsgruppen innerhalb des echten Nachlasses variiert wird. Überdies ist bei Beständen, die in einem mehr oder weniger geordneten Zustand übergeben worden sind, auch aus Gründen der Arbeitseinsparung, zu prüfen, in welchem Ausmaß die vorgefundene Ordnung jene Fragen zu beantworten imstande ist, deren Beantwortung den Erkenntniswert des Nachlasses konstituiert (vgl. die Einleitung zu diesem Kapitel), gegebenenfalls kann die vorgefundene Ordnung auch andere, gleichfalls wichtige Fragen beantworten. Fällt diese Prüfung positiv aus, ist die vorgefundene Ordnung beizubehalten oder unter Umständen lediglich zu korrigieren.[39]

Sind die Ordnungsgruppen gebildet und gereiht, werden die *kleinsten Einheiten der Ordnung* bestimmt. Zu diesem Zweck kann der Bearbeiter vom Befund (vgl. Abschnitt 2.2) gegebenenfalls abgehen, indem er nach inhaltlichen/inneren Gesichtspunkten die vorliegenden physischen Einheiten entweder zusammen- oder auseinanderführt (Überlieferung). Diese so entstandenen Zeugen (vgl. auch die Einleitung zu Kapitel 4; dort «Grundbegriffe») können enthalten (vgl. Abschnitt 4.1.2):

a. eine in sich abgeschlossene geistige Schöpfung eines oder mehrerer Verfasser (Einzelwerk),

b. mindestens zwei Einzelwerke oder Teile von mindestens zwei Einzelwerken desselben Verfassers (Sammlung),
c. mindestens zwei Einzelwerke oder Teile von mindestens zwei Einzelwerken verschiedener Verfassser (Sammelwerk).

Jeder Zeuge kann in einem oder mehreren Teilen überliefert sein; als geistige Schöpfung werden sowohl Paralipomena als auch Fassungen angesehen. Dieser Vorgang entfällt in der Regel bei veröffentlichten Werken («Ausgaben»).

Sind diese Ordnungseinheiten gebildet, ist es unter Umständen erforderlich, die *Teile innerhalb dieser Einheit* (z. B. Blätter) gemäß der (zu erschließenden) ursprünglichen, im allgemeinen vom Verfasser vorgesehenen Ordnung umzureihen. Die usrprünglich vorgefundene Ordnung ist, sofern sie deutlich von der vom Verfasser vorgesehenen abweicht, bereits in der ersten Bearbeitungsphase durch Foliierung (links oben) festgehalten worden (vgl. Abschnitt 2.4). Eine Umreihung der Blätter bzw. Teile wird nun dadurch angezeigt, daß unter Berücksichtigung der Bestimmungen zum Anbringungsort von Inventarnummern (vgl. Abschnitt 2.3) die Blätter bzw. Teile entsprechend der erschlossenen Ordnung, jeweils mit 1 beginnend, durchnumeriert werden. Die jeweilige Blatt- bzw. Teilnummer wird rechts oben angebracht. Diese Umreihung und Umfoliierung kann vorerst entfallen, wenn der Aufwand nicht der Bedeutung des Stücks entspricht.

Ebenfalls unter Berücksichtigung der Bedeutung von einzelnen Stücken sowie der Kapazität des Literaturarchivs ist es möglich, mehrere Zeugen nach inhaltlichen oder auch formalen Gesichtspunkten zusammenzufassen und das solcherart entstandene *Konvolut als eine Ordnungseinheit* zu behandeln (den äußersten Fall stellt die Behandlung einer Bearbeitungseinheit als Konvolut dar). Konvolutbildung kann im einzelnen bedeuten, daß vorgefundene physische Einheiten nicht zu Zeugen entwickelt, daß Zeugen nicht gemäß den Feinordnungskriterien (vgl. Abschnitt 3.2) identifiziert, daß Einzelstücke nicht jeweils mit einer Signatur versehen werden müssen u.a.m. Oft ist es zweckmäßig, mit der Bildung von Konvoluten bis nach der Feinordnung (vgl. Abschnitt 3.2) zu warten bzw. mit dieser in einem vorzunehmen (z. B. Sachgruppen bei Korrespondenzen und Lebensdokumenten, Konvolut der Briefe eines Schreibers an einen Empfänger).

Arbeitsteilung. Das Bilden von Ordnungsgruppen, das Bestimmen von Zeugen und Konvoluten als Ordnungseinheiten sowie das Umreihen innerhalb eines Zeugen wird in der Regel vom wissenschaftlichen Mitarbeiter vorzunehmen sein; bei der Foliierung der erschlossenen inneren Reihung kann er hingegen von einem Bibliothekar unterstützt werden.

3.2 Feinordnen der Ordnungseinheiten. Festhalten des individuellen Ordnungsaufbaus

Innerhalb der gebildeten Ordnungsgruppen werden die Ordnungseinheiten, welche zu diesem Zeitpunkt gleichfalls bestimmt sind, nun feingeordnet.
Für die Feinordnung wird jeder dieser Gruppen eine individuell gestaltete, hierarchische Abfolge von Ordnungskriterien zugeordnet. Innerhalb der Gruppe werden also nach dem erstgenannten dieser Ordnungskriterien Untergruppen gebildet; innerhalb dieser Untergruppen werden nach dem zweitgenannten Ordnungskriterium wiederum Untergruppen bestimmt. Und so fort, bis jeder Zeuge (bzw. jedes Konvolut) seinen eindeutigen Ort in der Nachlaßordnung hat.
Jede dieser Ordnungsebenen definiert sich nach einem bestimmten Kriterium; um die Ordnungseinheiten danach ordnen zu können, müssen die jeweils erforderlichen Informationen vorhanden sein. Die erste Tat in diesem Bearbeitungsschritt wird deshalb das *Gewinnen fehlender Informationen* zu den einzelnen Zeugen oder Konvoluten sein. Dabei kann man in der Regel auf Daten, welche bereits nach der Inventarisierung vorliegen (Verfasser, Urheber, Titel) aufbauen. Die Beschreibungsdaten «Entstehungsdatum bzw. -zeitraum», «Erscheinungsjahr» sowie «Werkzusammenhang» sind jedoch erst jetzt festzustellen bzw. zu erschließen. Decken sich die Ordnungseinheiten nicht mit den Einheiten, die bei der Inventarisierung vorliegen und verzeichnet werden (vgl. die Bemerkungen zu Konvoluten in der Einleitung zu diesem Kapitel), so ist die Identität der Ordnungseinheiten gänzlich neu zu bestimmen.
Jede neue Information wird umgehend im entsprechenden Erfassungsformular notiert (zu Konvoluten vgl. Abschnitt 3.5).
Ist es nicht möglich oder nicht lohnend, die jeweils erforderlichen Informationen zu erschließen, so orientiert man sich bei der Feinordnung an folgenden *allgemeinen Bestimmungen:*

a. Fehlen präzise Informationen, wird nach (unter Umständen allgemeineren) *Ersatzinformationen* geordnet (statt Entstehungsdatum Datum des Poststempels; statt Entstehungszeitpunkt möglicher Entstehungszeitraum; statt Titeln bei Gedichten Incipit usw.).
b. Fehlen Informationen überhaupt oder sind gegebene Informationen unpräzise bzw. unvollständig, so ordnet man das Archivale auf jener Ebene der Kriterienhierarchie, auf der die Information fehlt, vor jene Ordnungseinheiten, welche aufgrund der vorhandenen Information geordnet werden können (kennt man etwa den Schreiber eines Briefes nicht, so wird der Brief vor das Alphabet der Schreiber gereiht). Trifft das auf mehrere Stücke zu, so daß mehrere Stücke vor die geordnete Reihe gesetzt werden, werden sie nach jenen Kriterien geordnet, welche in der Kriterienhierarchie als nächste kommen (nach dem Alphabet der

Schreiber kommt bei Korrespondenzstücken die Chronologie: diese «verfasserlosen» Briefe werden also in sich chronologisch geordnet).

Die Hierarchie der Ordnungskriterien ist für jede der Ordnungsgruppen eine andere:

Werk-Zeugen vom Nachlasser:

1. Inhaltliche Gruppen und Untergruppen
2. Chronologie der (frühesten) Entstehungsdaten bzw. Erscheinungsjahre
3. Alphabet nach Titeln bzw. Incipit

Stehen Werk-Zeugen in einem Werkzusammenhang, so ist mit den jeweiligen Stücken nach Möglichkeit eine (Unter)Gruppe zu bilden.
Das chronologische Prinzip und das alphabetische Prinzip *können* (fakultative Bestimmung) neben der Verwendung innerhalb der Gruppen auch zur Ordnung der Gruppen *untereinander* herangezogen werden.

Korrespondenzstücke vom und an den Nachlasser:

1. Korrespondenzstücke vom Nachlasser, alphabetisch nach Empfängern und im Alphabet der Empfänger chronologisch
2. Korrespondenzstücke an den Nachlasser, alphabetisch nach Schreibern und im Alphabet der Schreiber chronologisch

Die Bildung von Sachgruppen – bei Glückwünschen zum 60. Geburtstag etwa – ist legitim. Die Sachgruppen sind, nach Sachbetreff (u. a.) alphabetisch geordnet, nach den abgeschickten und empfangenen Korrespondenzstücken anzuordnen. Ein chronologisches Ineinanderreihen ist möglichst zu vermeiden, auch wenn es sich um geschlossene Korrespondenzen handelt.

Lebensdokumente zum Nachlasser:

1. Bereiche (privater oder öffentlicher Bereich)
2. Alphabet der Sachgruppen (Konvolute) nach Sachbetreff
3. Chronologie nach den in den jeweiligen Sachgruppen frühesten Dokumenten

Grundsätzlich sollen in dieser Ordnungsgruppe Konvolute gebildet werden, wobei der Sachbetreff eine möglichst knappe und treffende, gegebenenfalls durch Zusätze näher kommentierte Formulierung des Konvolutinhaltes darstellen soll.

Weitere Materialien zu anderen Personen bzw. Körperschaften:

1. Homogene Sammlungen des Nachlassers

2. Lose Materialien zu anderen Personen bzw. Körperschaften
3. Erinnerungsstücke an den Nachlasser

Homogene Sammlungen reflektieren eine Sammlungstätigkeit des Nachlassers; als solche Sammlungen gelten u. a. die Bibliothek des Nachlassers sowie Kryptonachlässe (Nachlaß im Nachlaß). Bibliotheken werden als Sammlung von Werk-Zeugen betrachtet und entsprechend feingeordnet; auf Kryptonachlässe ist das gesamte Nachlaßordnungsschema anzuwenden. Lose Materialien, d. h. Stücke ohne Sammlungszusammenhang, werden wie die ersten drei Ordnungsgruppen feingeordnet; dabei ist zu beachten, daß Personen bzw. Körperschaften analog zum Nachlasser das erste (alphabetische) Ordnungskriterium bilden können.

> *Beispiel:* Korrespondenzstücke weder vom noch an den Nachlasser werden zuerst nach Schreibern alphabetisch, dann im Alphabet der Schreiber nach Empfängern alphabetisch und schließlich im Alphabet der Empfänger chronologisch geordnet.

Einen Sonderfall stellen die Erinnerungsstücke an den Nachlasser dar. Ist der Autor (Schöpfer) des Erinnerungsstückes von Bedeutung für das Literaturarchiv, werden sie als dritte Gruppe der weiteren Materialien zu anderen Personen bzw. Körperschaften behandelt, wenn nicht, gliedert man sie den Lebensdokumenten zum Nachlasser ein.[40]

Anreichernder Nachlaßteil:

1. Alphabet der Besitzer
2. Ordnung analog zum gesamten Nachlaßordnungsschema

Bei der Applikation des ganzen Schemas ist so vorzugehen, daß statt vom «Nachlasser» stets vom jeweiligen «Besitzer» ausgegangen wird.

Auch die allgemeinen Bestimmungen zur Feinordnung können entsprechend der *Individualität des Bestands* variiert werden:

a. Wo im allgemeinen Schema inhaltliche Kriterien in der Kriterienhierarchie zu einer Ordnungsgruppe zuerst rangieren (bei Werk-Zeugen und Lebensdokumenten), ist es möglich, anstelle der einen Ordnungsgruppe des allgemeinen Ordnungsschemas *mehrere inhaltliche Ordnungsgruppen* zu bilden (etwa statt «Werk-Zeugen» «1. Dramatische Werke», «2. Vorlesungen»; vgl. Abb. 5).
b. Einzelne Kriterien der Kriterienhierarchie zur Feinordnung können bei bestimmten Beständen nicht «greifen»; oder die Erschließung der vorausgesetzten Daten ist unökonomisch (etwa bei Datierungsproblemen). In diesen Fällen kann man das jeweilige Kriterium auslassen und zum nächsten übergehen; hier übernimmt dann die Kriterienhierarchie die Aufgabe, die *Wahl von Alternativen* zu regeln (vgl. Abb. 5).

Ein Autor hat ausschließlich und in wechselnder Folge Dramen und Vorlesungen verfaßt, wobei er als Wissenschaftler stärker hervorgetreten ist. Seine Vorlesungen sind nicht datierbar, tragen aber Vorlesungstitel. Die Dramen im Nachlaß sind alle datiert, desgleichen die dazu vorhandenen Vorstufen (Skizzen, Entwürfe).
Für die Ordnung werden gemäß dem ersten Kriterium («Inhaltliche Gruppen und Untergruppen») Dramen und Vorlesungen als je eine Gruppe zusammengefaßt; da die Vorlesungen wichtiger sind und eine chronologische Ordnung dieser Gruppen in diesem Fall nicht möglich ist, wird die Gruppe der Vorlesungen vorangestellt. Da das zweite Ordnungskriterium («Chronologie») nicht anwendbar ist (die Vorlesungen sind ja nicht datiert), wird zum dritten Prinzip übergegangen (Alternativenfolge) und nach Titeln alphabetisch geordnet. Hinsichtlich der Dramen ist die Chronologie anwendbar (Feingliederung). Die mit den einzelnen Dramen in Werkzusammenhang stehenden Werk-Zeugen werden ihrerseits beim jeweiligen Werk chronologisch geordnet (weitere Feingliederung).
Die durch Kursivsetzung gekennzeichneten Zeugen auf der untersten Ebene des nachfolgenden Stammbaums werden also gemäß der darüber skizzierten Hierarchie geordnet:

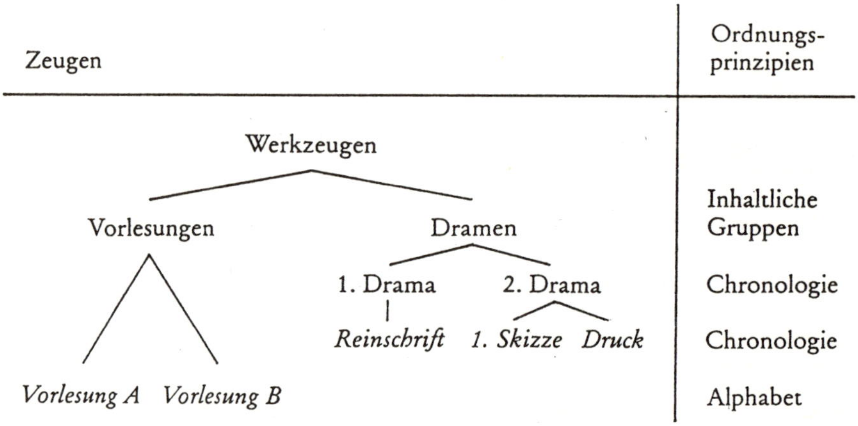

Abb. 5: Beispiel für die (individuelle) Feinordnung von Werk-Zeugen

In besonderen Fällen können die Kriterien auch *außerhalb der Hierarchie* kombiniert werden (etwa dann, wenn sich deutliche Schaffensphasen abzeichnen und innerhalb der einzelnen Zeiträume inhaltliche Gruppen zu bilden sind).

c. Je nach den Schwerpunkten eines Nachlasses kann die Reihenfolge der Untergruppen innerhalb einer Ordnungsgruppe geän-

Philosophische Werke
Künstlerische Werke
Notizen
Aphorismen
Tagebücher
Abschriften
Korrespondenzstücke
von Ferdinand Ebner
an Ferdinand Ebner
Lebensdokumente
Rechnungen, Testament u. ä.
Bibliotheksverzeichnis
Kryptonachlässe
Josef M. Hauer
Josef Räuscher
Hildegard Jone
Bibliothek
Philosophie
Theologie
Psychologie, Naturwissenschaft und Medizin
Brenner
Periodika
Geschichte und Politik
Literatur und Belletristik
Kunst und Musik
Sonstiges
Sonstige Sammlungen
Zeitungsausschnitte
Konzertprogramme
Verlagsprospekte
Lose Materialien
Anreichernder Nachlaßteil Luise Karpischek
Anreichernder Nachlaßteil Hildegard Jone/Franz Seyr
Anreichernder Nachlaßteil Walther F. Ebner

Abb. 6.: Beispiel für ein dem einzelnen Nachlaß angepaßtes Ordnungsschema (Nachlaß Ferdinand Ebner); vgl. Abb. 7

dert werden (z. B. Korrespondenzstücke an den Nachlasser vor jenen von ihm).

d. Analog zu den Überlegungen im Abschnitt 3.1 ist es auch möglich, eine vorgefundene Feinordnung (etwa eine chronologische Ordnung von Korrespondenzstücken) beizubehalten bzw. gegebenenfalls nur leicht zu korrigieren, sofern damit andere, jedoch gleichfalls wichtige Fragen beantwortet werden können.

Nachdem die Bearbeitungseinheit solcherart feingeordnet ist, wird deren *individueller Ordnungsaufbau festgehalten* (vgl. Abb. 6).

Abschließend werden die Bestände unter Berücksichtigung der Bestimmungen in den Richtlinien von Wimmer-Webhofer (vgl. Anm. 2) in Mappen, Kassetten bzw. andere Behältnisse eingelegt.

Geht man *arbeitsteilig* vor, so überläßt man das Feinordnen, nachdem der wissenschaftliche Mitarbeiter die erforderlichen und zu erschließenden Informationen bereitgestellt sowie Anweisungen zur individuellen Feinordnung erteilt hat, dem bibliothekarischen Dienst, der dann auch den Ordnungsaufbau des Nachlasses festhält. Das Einlegen in die jeweiligen Behältnisse kann von Sekretären erledigt werden.

3.3 Zuordnen von Gliederungsnummern. Festlegen der Nummer der Bearbeitungseinheit

Nun werden von einem *Bibliothekar* die Vorbereitungen zum Signieren der Ordnungseinheiten getroffen, indem man dem Ordnungsschema des Nachlasses Gliederungs- und Bearbeitungsnummern (als Komponenten der späteren Individualsignaturen) zuordnet.
Da die *Gliederungsnummern* die Ordnung der Bearbeitungseinheit reflektieren sollen, wird das Schema zum Ordnungsaufbau (vgl. Abschnitt 3.2) herangezogen, und die Hauptgruppen werden durchlaufend von 1 an numeriert. Die Untergruppen der jeweiligen Hauptgruppen werden gleichfalls von 1 an numeriert; sie bilden die zweite Gliederungsstufe. Dieses Verfahren der Gliederung und Numerierung wird soweit fortgesetzt, bis allen Gruppen und Untergruppen des Schemas eine Gliederungsnummer zugeordnet worden ist. Zwischen die Nummernteile der Gliederungsnummer wird ein Punkt gesetzt, der Punkt entfällt nach der letzten Ziffer (vgl. Abb. 7 auf der nächsten Seite).

Allen Bearbeitungseinheiten der Reihe A kommt eine *Nummer der Bearbeitungseinheit* zu, wobei diese Nummern entsprechend der Lagerungsreihenfolge von 1 an durchlaufend vergeben worden sind. Nachdem die Gliederungsnummern – dem Ordnungsaufbau der Bearbeitungseinheit entsprechend – bestimmt worden sind, wird nun die Nummer dieser Bearbeitungseinheit festgestellt.

3.4 Eintragen der Signaturen auf den Ordnungseinheiten und auf den Behältnissen der Konvolute

Bevor man mit dem *Einsignieren* der Ordnungseinheiten beginnt, ist es angebracht, sich noch einmal zu vergegenwärtigen, daß mit den Gliederungsnummern, wie sie anhand des Nachlaßschemas gewonnen wurden, zwar den Ordnungsgruppen, nicht aber den einzelnen Zeugen bzw. Konvoluten Nummern zugewiesen sind; daß man überdies die Abteilungssiglen

1. Philosophische Werke
2. Künstlerische Werke
3. Notizen
3.1 Aphorismen
3.2 Tagebücher
3.3 Abschriften
4. Korrespondenzstücke
4.1 von Ferdinand Ebner
4.2 an Ferdinand Ebner
5. Lebensdokumente
5.1 Rechnungen, Testament u. ä.
5.2 Bibliotheksverzeichnis
6. Kryptonachlässe
6.1 Josef M. Hauer
6.2 Josef Räuscher
6.3 Hildegard Jone
7. Bibliothek
7.1 Philosophie
7.2 Theologie
7.3 Psychologie, Naturwissenschaft und Medizin
7.4 Brenner
7.5 Periodika
7.6 Geschichte und Politik
7.7 Literatur und Belletristik
7.8 Kunst und Musik
7.9 Sonstiges
8. Sonstige Sammlungen
8.1 Zeitungsausschnitte
8.2 Konzertprogramme
8.3 Verlagsprospekte
9. Lose Materialien
10. Anreichernder Nachlaßteil Luise Karpischek
11. Anreichernder Nachlaßteil Hildegard Jone/Franz Seyr
12. Anreichernder Nachlaßteil Walther F. Ebner

Abb. 7.: Ordnungsaufbau eines Nachlasses (Ferdinand Ebner) mit den zugeordneten Gliederungsnummern; vgl. Abb. 6

– als dritten Bestandteil der Signatur neben Bearbeitungs- und Gliederungsnummer – noch nicht bestimmt hat.

Für das Eintragen der Signaturen auf den Ordnungseinheiten werden deshalb jede Hauptgruppe bzw. Untergruppe des Nachlasses herangezogen. Den Zeugen bzw. den Konvoluten werden dann innerhalb der kleinsten bisher gebildeten Einheit entsprechend der Systematik, wie sie durch die Feinordnung festgelegt ist, weitere Gliederungsstufen zugeordnet. Dieses *Verfahren der Gliederung und Numerierung* wird solange fortgesetzt, bis

jede Ordnungseinheit eine individuelle Nummernfolge hat. Analog wird bei der Auflösung von Konvoluten verfahren.
Unter Berücksichtigung der Bestimmungen zum Anbringungsort von Inventarnummern (vgl. Abschnitt 2.3) wird nun die Individualnummer jedes Zeugen bzw. jeden Konvoluts auf diesen rechts unten mit Bleistift eingetragen. Dabei wird die Bearbeitungsnummer von der Gliederungsnummer durch einen Schrägstrich (ohne vorangehendes oder nachfolgendes Spatium) getrennt; zwischen die Nummernteile der Gliederungsnummer der Ordnungseinheit wird ein Punkt gesetzt, der Punkt entfällt nach der letzten Ziffer.

> *Beispiel:* Der Nachlaß Ferdinand Ebners (vgl. Abb. 6 und 7) wird als vierter im Depot gelagert; er erhält die Bearbeitungsnummer «4»; das neunte Stück in der nach der Chronologie des Entstehens feingeordneten Ordnungsgruppe «1» («Philosophische Werke») erhält somit die Individualnummer «4/1.9».

Bei Stücken, welche mehrere physische Einheiten umfassen, kann auf ein wiederholtes Anbringen der Signatur auf den einzelnen physischen Einheiten verzichtet werden, sofern die Inventarnummer des ersten Teils sich mit der Inventarnummer der übrigen Teile deckt; bei Konvoluten genügt ein Anbringen der Signatur auf den Behältnissen (vgl. auch Abschnitt 3.6).
Für die Bestimmung der Abteilungssiglen ist ein Vorgriff auf die spätere Lagerung im Depot (vgl. Abschnitt 3.6) erforderlich. Nachdem die Bearbeitungs- und Gliederungsnummern auf den Zeugen bzw. den Behältnissen der Konvolute eingetragen sind, werden die Archivalien entsprechend ihrer späteren Lagerung getrennt. Diese Trennung orientiert sich an den verschiedenen Abteilungen, in denen die Archivalien schließlich gelagert werden.

Exkurs: Die Abteilungen im Depot eines Literaturarchivs

Das Depot besteht aus verschiedenen Abteilungen. Eine Abteilung ist ein Lagerungsort, der gemäß den *Erfordernissen der Materialbeschaffenheit* von Archivalien eingerichtet wird. Jede Abteilung kann erforderlichenfalls in Unterabteilungen gegliedert werden, diese ihrerseits in weitere Unterabteilungen.
Diese Erfordernisse der Materialbeschaffenheit bestimmen sich nun hinsichtlich der *klimatischen* Notwendigkeiten und der *Lagerungsart* bzw. der Lagerungshilfsmittel.
Für die Frage der klimatischen Bedingungen ist entscheidend, ob der Zeuge aus Papier ist oder nicht. Es gibt also grundsätzlich zwei Hauptabteilungen: «Papier-Abteilung», «Nicht-Papier-Abteilung».
Bei Papier wird hinsichtlich der Lagerungsart danach differenziert, ob die Archivalien «liegend», «liegend und nicht gefaltet» oder «stehend» aufzubewahren sind. Aus praktischen Gründen werden die stehend gelagerten

PAPIER-ABTEILUNG	P
Schriftstückabteilung (liegende Lagerung): Schriftstücke, Zeitungsausschnitte, Kopien etc.	---
Plakatabteilung (liegende Lagerung ohne Faltung): Plakate, Grafiken etc.	P(P)
Buchabteilung (stehende Lagerung ohne Zwischenräume): Bücher, abgeschlossene Periodika etc.	P(B)
Zeitschriftenabteilung (stehende Lagerung mit Zwischenräumen): unabgeschlossene Schriftenreihen, unabgeschlossene Periodika etc.	P(Z)
Sondergruppe (durch Form und/oder Größe besondere Lagerung)	P(SG)
NICHT-PAPIER-ABTEILUNG	N
Schallplattenabteilung	N(S)
Tonbandabteilung: Spulen, Kassetten	N(T)
Diapositivabteilung: gerahmte Diapositive	N(D)
Filmabteilung: Nitrofilme, Sicherheitsfilme	N(F)
Videobandabteilung: verschiedene Systeme	N(V)
Negativabteilung: Diastreifen, Fotonegative	N(N)
Fotoabzugabteilung: Schwarzweißabzüge, Farbabzüge	N(A)
Gemäldeabteilung	N(G)
Sondergruppe (durch Form und/oder Größe besondere Lagerung)	N(SG)

Abb. 8: Abteilungen im Depot samt zugehörigen Siglen (für die Schriftstückabteilung ist keine Sigle vorgesehen); vgl. auch Abb. 2

Kleinoktavbände (Rückenhöhe bis 18,5 cm)	P(B)1
Oktavbände (Rückenhöhe bis 25 cm)	P(B)2
Quartbände (Rückenhöhe bis 35 cm)	P(B)3
Foliobände (Rückenhöhe bis 45 cm)	P(B)4
Großfoliobände (Rückenhöhe über 45 cm)	P(B)5

Abb. 9: Ausdifferenzierung einer Abteilung in Unterabteilungen (am Beispiel einer Aufstellung von Büchern nach Formaten)

Archivalien zusätzlich auch danach gegliedert, ob die Archivalien grundsätzlich ohne Fortsetzungen sind (begrenzt), oder ob – wie bei Periodika zum Beispiel – mit Fortsetzungen im allgemeinen zu rechnen ist (unbegrenzt). Man unterscheidet deshalb zwischen «stehend ohne Zwischenräume» und «stehend mit Zwischenräumen». Damit erspart man sich aufwendiges und das Material strapazierendes Rücken der Bestände.
Für nicht-papierene Materialien werden auf dem Markt verschiedene, ständig verbesserte Lagerungsbehältnisse angeboten, weshalb hier auf die Richtlinien zu konservatorischen Belangen des Literaturarchivs verwiesen wird (vgl. Anm. 2).
Jeder der aufgrund klimatischer und aufstellungsspezifischer Erfordernisse gebildeten Abteilungen wird eine Lokalisierungs-Sigle zugeordnet, welche sich – mnemotechnisch begründet – aus den Siglen der zwei Hauptabteilungen («P» für Papier-Abteilung, «N» für Nicht-Papier-Abteilung) sowie aus einem Zusatz, welcher auf die jeweilige Unterabteilung dieser Hauptabteilung hinweist, zusammensetzt. Der Zusatz ist gleichfalls eine Sigle und besteht aus Anschaulichkeitsgründen wieder aus dem Anfangsbuchstaben jener Materialart, welche in der betreffenden Unterabteilung am häufigsten bzw. ausschließlich vorkommt und deshalb der Abteilung den Namen gibt. Der Zusatz wird in runder Klammer der Abteilungssigle unmittelbar nachgestellt (vgl. Abb. 8).
Diese Abteilungen können – unter Berücksichtigung der Möglichkeiten des Literaturarchivs – erforderlichenfalls weiter ausdifferenziert werden. Solchen weiteren Unterabteilungen wird anschließend an die Sigle der Abteilung, der sie zugehören, eine laufende Nummer (ohne dazwischenliegendes Satzzeichen) zugeordnet (vgl. Abb. 9).
Sind die Archivalien entsprechend ihrer späteren Lagerung «auseinandergeworfen» worden, wird nun auf jedem Zeugen bzw. Behältnis (bei Konvoluten) vor die jeweilige Bearbeitungs- und Gliederungsnummer, getrennt durch einen Bindestrich, die entsprechende Abteilungssigle angebracht (bei Schriftstücken wird darauf verzichtet). Analoges gilt für *Teile* von Ordnungseinheiten, wenn sie in verschiedenen Abteilungen zu lagern sind.

> *Beispiel:* Da es sich bei dem im Beispiel auf Seite 62 genannten Zeugen um ein Buch handelt, lautet die vollständige Signatur nun: «P(B)3-4/1.9».

Zur Arbeitsteilung: Der Bearbeitungsschritt des Einsignierens kann unter Anleitung durch den bibliothekarischen Dienst einem Sekretär überlassen werden.

3.5 Nachträge in den Inventarisierungsunterlagen

Nun müssen, solange die Stücke noch nicht in das Depot befördert worden sind, die bereits bestehenden Inventarisierungsunterlagen durch Eintragungen ergänzt bzw. neue Inventarisierungsunterlagen eingeführt werden.

Im *Inventarbuch der Reihe A* sowie auf den *Erfassungsformularen* werden zu den Inventarnummern die entsprechenden Signaturen eingetragen. Besondere Regelungen gelten hier bei

a. Konvoluten, wozu auch die «Herstellung» eines Zeugen aus verschiedenen Inventarisierungseinheiten zu rechnen ist,
b. Zeugen bzw. Konvoluten, deren Teile bei gleicher Bearbeitungs- und Gliederungsnummer in verschiedenen Abteilungen zu lagern sind.

Bei Konvoluten liegt der einfachste Fall dann vor, wenn in der Phase des Ordnens ein «Inventarisierungs-Konvolut» als «Ordnungs-Konvolut» übernommen wird: der einen Inventarnummer wird eine Signatur zugeordnet (vgl. Abb. 10; Fall 1).
Wenn dagegen ein Inventarisierungs-Konvolut beim Ordnen aufgelöst wird (vgl. Abb. 10; Fall 2), gehören zu einer Inventarnummer mehrere Signaturen; auch die Beschreibung der Einzelstücke unterscheidet sich von der allgemeinen Beschreibung des Konvoluts im Erfassungsformular und im Inventarbuch. Es werden deshalb zu den Erfassungsformularen und dem Inventarbuch jeweils *Ergänzungsbände* eingerichtet, welche unter der Inventarnummer des ehemaligen Konvoluts die Einzelverzeichnungen samt ihren zugehörigen Signaturen enthalten (von der Konvolutverzeichnung im Inventarbuch ist entsprechend darauf zu verweisen).
Denkbar ist auch, daß ein Inventarisierungskonvolut aufgelöst und die Einzelstücke in mehreren Ordnungskonvoluten neu zusammengesetzt werden (vgl. Abb. 10; Fall 3): Dann werden einer Inventarnummer (samt der zugehörigen Beschreibung) mehrere Signaturen mit ihren (Ordnungs-Konvolut)Beschreibungen zugeordnet: Hier wird gleichfalls in der beschriebenen Weise verfahren.
Anders verhält man sich bei der Umgestaltung *mehrerer* Inventarisierungskonvolute zu mehreren, nicht gleich gearteten Ordnungskonvoluten (vgl. Abb. 10; Fall 4). Man muß sich nun vorstellen, daß alle Stücke eines Inventarisierungskonvoluts dieselbe Inventarnummer haben. Mischt man nun die Stücke mehrerer solcher Konvolute und bildet neue (Ordnungs)Konvolute, so kommt es zu einer Zuordnung verschiedener Signaturen zu gleichen Inventarnummern sowie zum Zusammenfassen verschiedener Inventarnummern in einer Signatur. In den Ergänzungbänden werden in diesem Fall unter den jeweiligen Inventarnummern jene Signaturen verzeichnet (und durch die zugehörigen Beschreibungen ergänzt), welche eben Stücke mit diesen Inventarnummern enthalten. Um Wiederholungen zu vermeiden, werden bei der jeweils niedrigsten Inventarnummer die weiteren noch enthaltenen genannt und von den anderen auf die «Haupteintragung» verwiesen.
Eher selten kommt es vor, daß mehrere Archivalien bzw. Konvolute mit verschiedenen Inventarnummern beim Ordnen zu einem Zeugen/Konvolut zusammengefaßt werden (vgl. Abb. 10; Fall 5). Auch da ist eine Eintragung in den Ergänzungsbänden erforderlich, wobei die Beschreibung samt

Fall	Inventar-nummer(n)	zugehörige Signaturen (Schriftstücke)	Anmerkungen
1	123	1/3.7	
2	123	1/3.7.1 1/3.7.2 1/3.7.3	
3	123	1/3.7.1 1/3.7.2	
4	123	1/3.7 1/3.8	enth. auch 125 enth. auch 125
	125		enth. in 1/3.7 u. 1/3.8; s. 123
5	123	1/3.7	enth. auch 125
	125		enth. in 1/3.7; s. 123

Abb. 10: Zuordnung von Signaturen zu Inventarnummern bei Konvoluten (die bibliographische Beschreibung bezieht sich auf die signierte Einheit)

Signatur der jeweils niedrigsten Inventarnummer zugeordnet und von den weiteren verwiesen wird.
Bei genuinen Ordnungskonvoluten, d. h. ausgenommen bei Zeugen, die aus verschiedenen Inventarisierungseinheiten generiert werden, ist im Erfassungsformular der Erschließungsvermerk «Konv.» anzubringen. Bei Zeugen bzw. Konvoluten, deren Teile – bei gleichen Bearbeitungs- und Gliederungsnummern – in verschiedenen Abteilungen zu lagern sind, werden weitere Siglen (gegebenenfalls mit einer näheren Spezifizierung des betreffenden Teiles) im Erfassungsformular als Verwaltungsvermerk, im Inventarbuch in der Spalte «Anmerkungen» verzeichnet (z. B. «Sigle der Beil.: ...»).

Zu Zwecken der Revision können für jede Abteilung bzw. Unterabteilung im Depot *Standortverzeichnisse* angelegt werden; diese Standortverzeichnisse ordnen die Eintragungen im Inventarbuch (im Rahmen jeweils einer Sigle) nach den Bearbeitungs- und Gliederungsnummern; bei mehreren Siglen zu einer Ordnungseinheit (s. o.) sind die gesamten bibliographischen Angaben jeweils zu wiederholen. Für die Generierung von Standortverzeichnissen gelten bei Konvoluten die Eintragungen in den Ergänzungsbänden.

Es ist zweckmäßig, die Standortverzeichnisse noch vor der Lagerung, d. h. solange die «Stöße» zu den einzelnen Abteilungen noch vor dem Bearbeiter liegen, zu ergänzen. Hinsichtlich der Beschriftung der Standortverzeichnisse und der Eintragung in das Verzeichnis der Inventarisierungsunterlagen gelten die Bestimmungen von Abschnitt 2.6 analog.

Arbeitsteilung. Nachträge in den Inventarisierungsunterlagen sind von Bibliothekaren vorzunehmen; bei neuen bibliographischen Beschreibungen kann allerdings (analog zu den Abschnitten 2.4 und 3.3) die Hilfe des wissenschaftlichen Mitarbeiters erforderlich werden.

3.6 Lagern in den Abteilungen des Depots

Nun werden auf den Behältnissen, in welche die Archivalien bereits abgelegt worden sind (vgl. Abschnitt 3.2) die Signatur des enthaltenen Zeugen bzw. bei mehreren enthaltenen Zeugen bzw. Konvoluten die Signatur der jeweils ersten und die Signatur der jeweils letzten enthaltenen Ordnungseinheit (verbunden durch «bis») an leicht sichtbarer Stelle angebracht. Wenn umgekehrt eine Ordnungseinheit sich über mehrere Behältnisse hin erstreckt, so wird auf jedem Behältnis die Signatur wiederholt und mit einem Zusatz (z. B. «Mappe 1») versehen. Im Erfassungsformular sowie im Inventarbuch muß in so einem Fall die Anzahl und Art der Behältnisse angegeben werden (z. B. «5 Mappen»).
Hierauf sind die Behältnisse in das Depot zu bringen. Im Depot sind die einzelnen Abteilungen (vgl. Abschnitt 3.4) deutlich durch die zugehörigen Siglen anzuzeigen. Innerhalb der einzelnen Abteilungen sind die Bestände der Reihe A getrennt von jenen der Reihe B zu lagern; auch diese Reihen sind deutlich auszuweisen («A» bzw. «B»).
Die Archivalien der Reihe A werden in den einzelnen Abteilungen entsprechend der Signaturenfolge gelagert. Da die Trennung nach Materialart erst nach der an Ordnungskriterien orientierten Signierung erfolgt, muß man gewärtig sein, daß in der systematischen Signaturenfolge in den einzelnen Abteilungen «Löcher» entstehen. Trotz der hüpfenden Nummern ist durch das Lagern entsprechend den verbleibenden Signaturenfolgen eine eindeutige Lokalisierung nach wie vor möglich.

Beispiel: Angenommen, es werden bei der Signierung folgende Signaturen vergeben:

4/2.1.1	(Manuskript eines Werkes)
P(B)-4/2.1.2	Buchveröffentlichung desselben Werkes)
4/2.1.3	(Filmdrehbuch desselben Werkes)
N(F)-4/2.1.4	(Verfilmung desselben Werkes)
4/2.2	(Manuskript eines weiteren Werkes)

Die Archivalien werden dann in folgenden Abteilungen gelagert: Schriftstückabteilung, P(B), N(F). Die Lagerungsreihenfolge richtet sich nach dem systematischen Stellenwert der Signatur. In der Abteilung der Schriftstücke ergibt sich folgende Lagerungsreihenfolge (die Lücken werden einfach übersprungen):

4/2.1.1
4/2.1.3
4/2.2

Die Archivalien der Reihe B werden entsprechend der – für jede Abteilung neu anzusetzenden – Abfolge der Inventarnummern gelagert.
Um zu verhindern, daß den Benutzern gesperrte Archivalien ausgehändigt werden (vgl. Abschnitt 2.4), ist dies – auf der Basis der bereits erfolgten Anmerkung im Inventarbuch – im Depot auf den jeweiligen Behältnissen anzuzeigen.

Viertes Kapitel

KATALOGISIERUNG

Einleitung

Ist der Nachlaß einmal inventarisiert, geordnet, signiert und gelagert bzw. sind die Bestände der Reihe B inventarisiert und gelagert, kann die Bearbeitung fortgesetzt werden, wobei nunmehr sowohl für die Bestände der Reihe A als auch für die Bestände der Reihe B die im folgenden erläuterten Regelungen gleichermaßen gelten. Dabei ist die Fortsetzung der Bearbeitung unter Berücksichtigung des Bearbeiter-Berichts (vgl. Abschnitt 2.7) vorzunehmen.

Diese dritte und letzte Bearbeitungsphase (Katalogisierung) dient in erster Linie dem *Benutzer.* Sie soll Informationen zu den Beständen so aufbereiten, daß der Benutzer sich davon eine möglichst präzise Vorstellung machen kann, bevor er die Materialien überhaupt zu sehen wünscht. Und sie soll diese Informationen bereits nach ausgewählten, dem zu erwartenden Benutzerinteresse möglichst entgegenkommenden Perspektiven vorordnen. Diese *zwei Funktionen* lassen sich charakterisieren als:

a. katalogmäßige Beschreibung der Archivalien,
b. Einordnung dieser Beschreibungen in verschiedene Katalogtypen.

Die Bearbeitungsphase der Katalogisierung gliedert sich bei der Umsetzung dieser Funktionen in die Praxis in drei konkrete *Bearbeitungsschritte:*

a. Vervollständigen der Angaben in den Erfassungsformularen,
b. Herstellen der Katalogkarten auf der Basis der Erfassungsformulare,
c. Einlegen der Katalogkarten in die Kataloge.

Das Erfassungsformular begleitet im allgemeinen ein Archivale von Anbeginn der Bearbeitung; immer wieder sind in den einzelnen Bearbeitungsphasen und -schritten bestimmte Informationen einzutragen (worauf am jeweiligen Ort dieser Richtlinien stets hingewiesen wird). Da jedoch die einzelnen Phasen aufeinander aufbauen und auf das Endziel Katalogisierung hin konzipiert sind, bewegen sich die Anweisungen in früheren Stadien der Bearbeitung stets im Rahmen der Regelungen zur Katalogisierung; diese Regelungen werden nunmehr expliziert. Frühere Anweisungen sind Teilmengen der Regelungen zur Katalogisierung, sofern es sich um

Anweisungen zum Festhalten von Angaben zu Archivalien und Konvoluten handelt.
Nun sind die Erfassungsformulare zu vervollständigen. Dementsprechend findet die Frage, was in die Erfassungsformulare einzutragen ist, eine systematische und vollinhaltliche Beantwortung. Diese Beantwortung erfolgt für Zeugen, welche die Entstehung eines Werkes dokumentieren, in den Abschnitten 4.1 - 4.9 (Sonderregeln für die alphabetische Katalogisierung von Enstehungszeugen) und 4.10 (Angaben außerhalb der bibliographischen Beschreibung). Gleichzeitig werden in diesen Abschnitten auch die Regel-Voraussetzungen für den zweiten Schritt der Katalogisierungs-Phase *(Herstellen der Katalogkarten)* entwickelt. Aus systematischen Gründen ist hier ein Aufbau der Regeln entsprechend der Bearbeitungsdynamik nicht möglich.
Im letzten Abschnitt (4.11; Katalogtypen) wird schließlich (unter Ergänzung durch Regelungen der Abschnitte 4.2 und 4.9) auf die Katalogtypen in einem Literaturarchiv eingegangen, womit die entsprechenden Regelungen für den dritten Schritt der Katalogisierungs-Phase *(Einlegen der Katalogkarten in die Kataloge)* erfolgen.

Die bibliographische Beschreibung der Archivalien

Regelungen zur Beschreibung von Archivalien sollen möglichst universell sein, d. h. sie sollen imstande sein, alle Typen von Archivalien zu bewältigen, worunter auch die verschiedensten Medien fallen, welche neben den Schriftstücken mehr und mehr den Bestand von Literaturarchiven ausmachen. Sie sollen gleichzeitig auf einigen wenigen Grundgedanken ruhen und eine bei allen Verschiedenheiten stringente Bearbeitung gewährleisten. Zudem werden Zweckmäßigkeit und eine Orientierung an der Möglichkeit, Daten international auszutauschen, gefordert.
Um diesen Ansprüchen gerecht zu werden, muß ein komplexes Regelwerk den Bearbeiter in einem Literaturarchiv bei der Katalogisierung leiten. Gewiß ist es möglich, ein solches Regelwerk für Literaturarchive eigens zu entwickeln. Abgesehen vom enormen erforderlichen Arbeitsaufwand, spricht aber gegen ein solches Unterfangen v. a. die drohende Regionalität hausgemachter Regelungen.
Nun wird in der Einleitung zu diesen Richtlinien dargelegt, daß sich die Beschreibung in erster Linie am einzelnen Archivale orientieren soll; es handelt sich hiebei um eine ausgesprochen bibliothekarische Vorgabe.
Im Bereich des Bibliothekswesens hat sich indes ein Regelwerk etabliert, welches den genannten Ansprüchen gerecht wird, sich aber naturgemäß mit Veröffentlichungen befaßt.
Diese «Regeln für die alphabetische Katalogisierung» (RAK) bestehen aus einem Hauptregelwerk («Band 1: Regeln für wissenschaftliche Bibliotheken (RAK-WB)»), aus einem Regelwerk, das – aus Gründen der Vereinfachung – eine Teilmenge der RAK-WB[42] darstellt («Band 2: Regeln für

öffentliche Bibliotheken (RAK-ÖB)»), und mehreren Sonderregeln für bestimmte Materialien, die im Grundwerk nicht behandelt werden:

- Sonderregeln für Musikalien und Musiktonträger (RAK-Musik)
- Sonderregeln für kartographische Materialien (RAK-Karten)
- Sonderregeln für audiovisuelle Materialien, Mikromaterialien und Spiele (RAK-AV)
- Sonderregeln für unselbständig erschienene Werke (RAK-UW)
- Sonderregeln für die Ansetzung der Namen von Personen aus Staaten mit außereuropäischen Sprachen.[43]

Die vorliegenden Richtlinien für Literaturarchive übernehmen die RAK-WB und die sich darauf beziehenden Sonderregeln für jene Archivalien, welche als Veröffentlichungen vorliegen und im jeweiligen Literaturarchiv aufbewahrt werden.
Für alle Entstehungszeugen (vgl. Kapitel 1) – sie machen in der Regel den Hauptbestand eines Literaturarchivs aus – werden dagegen besondere Regelungen getroffen, welche sich bei aller Besonderheit auf die RAK-WB beziehen und analog zu den Sonderregeln der RAK konzipiert sind. Da für Entstehungszeugen keine entsprechenden Regelungen der RAK vorliegen, werden diese Sonderregeln für Entstehungszeugen – und in erster Linie nur sie – in den folgenden Abschnitten erläutert. Auf die RAK-WB sowie auf die RAK-Sonderregeln wird hier nur verwiesen.
Mit dieser Vorgangsweise ist gewährleistet, daß die bibliothekarische Zielsetzung der Literaturarchive hinsichtlich der katalogmäßigen Beschreibung im Auge behalten bleibt, daß gleichzeitig ein bewährtes und modernen Ansprüchen gerecht werdendes Regelwerk angewandt werden kann, ohne daß die Besonderheiten von Entstehungszeugen unberücksichtigt bleiben müssen; und daß überdies alle Bestände eines Literaturarchivs, auch die verschiedensten Medien, einheitlich behandelt werden.

Sonderregeln für Entstehungszeugen

Geltungsbereich. Analog zu den Sonderregeln der RAK legen diese Richtlinien Sonderregeln für Entstehungszeugen vor. Sie setzen die RAK-WB voraus, auf die sie sich beziehen und deren Bestimmungen sie übernehmen, variieren, erweitern oder entfallen lassen. Die Regelungen für Entstehungszeugen sind gleichzeitig auf die Sonderregeln der RAK sinngemäß anzuwenden, sofern es sich bei den jeweiligen Archivalien, die zu katalogisieren sind, um Materialien handelt, welche in diesen Sonderregeln (AV-Materialien, kartographische Materialien, Musikalien und Musiktonträger, unselbständige Werke) behandelt werden, und diese Archivalien im Zustand des Nicht-Veröffentlichtseins sich befinden. Bei Druckfahnen und dgl. werden dagegen im allgemeinen die Bestimmungen der RAK herangezogen. Gegebenenfalls werden die Regelungen für Entstehungszeugen in einzelnen

Aspekten (z. B. Bezeichnung des Werkzusammenhangs, Enstehungsvermerk) sinngemäß angewandt.
In einzelnen Paragraphen werden auch Ausgaben den Regelungen für Entstehungszeugen unterworfen (z. B. Nebeneintragungen unter Erscheinungsjahren). Hier handelt es sich zumeist um Modifikationen der RAK, welche sich aus den allgemeinen Zielsetzungen dieser Richtlinien ergeben (z. B. gemeinsames Führen von Entstehungszeugen und Ausgaben in einem Katalog). In solchen Fällen treten die entsprechenden Bestimmungen der RAK für Ausgaben außer Kraft.

Gliederung der Regeln und Paragraphenzählung. Wie die Sonderregeln der RAK-WB folgen die Sonderregeln für Entstehungszeugen dem Aufbau der RAK-WB. Den neun Hauptabschnitten der RAK-WB entsprechen in diesen Richtlinien die Abschnitte 4.1 bis 4.9. Die Paragraphenzählung entspricht den RAK-WB; sie beginnt in jedem der Abschnitte mit 1. Werden Paragraphen bzw. Teile von Paragraphen übernommen, so wird deren Text nicht wiedergegeben; nur ein Hinweis auf die entsprechenden Paragraphen bzw. Teile von Paragraphen wird angeführt (z. B. «§§ 29 - 30» bzw. «wie § 3,3»). Entfallen Paragraphen bzw. Teile von Paragraphen der RAK-WB, so wird darauf hingewiesen (z. B. «§§ 9 - 13 entfallen»; bei § 142: «2. entfällt»).
Im Ganzen oder auch nur in Teilen veränderte Paragraphen sowie hinzugefügte Paragraphen werden durch ein «EZ» (für «*E*ntstehungs*z*eugen») nach dem Paragraphen-Zeichen signalisiert. Werden Paragraphen bzw. Teile von Paragraphen verändert, so erscheinen die Paragraphen bzw. die Teile von Paragraphen im vollen Wortlaut, wobei gegebenenfalls jene Textteile, deren Formulierungen mit den Formulierungen in den RAK-WB übereinstimmen, als Zitate ausgewiesen werden (sie werden kursiv gesetzt; vgl. z. B. § EZ 504); Auslassungen werden im allgemeinen gesondert gekennzeichnet. In einzelnen Fällen ist das Einfügen eines Paragraphen bzw. eines Teiles eines Paragraphen bzw. eines Kapitels erforderlich: um die Zählung der RAK-WB nicht zu verändern, wird dann eine Buchstabenzählung eingeführt (z. B. «§ EZ 630a» bzw. «§ EZ 122,ga»).
Paragraphen oder Teile von Paragraphen, in denen lediglich Begriffe auszutauschen sind, werden nicht eigens aufgeführt, sofern die Veränderungen der Bezeichnungen bereits vorher ausreichend erläutert sind. In diesen Fällen sind beim Konsultieren der RAK-WB die jeweiligen Begriffe sinngemäß zu ersetzen.

Grundbegriffe. Zu katalogisieren ist stets eine konkrete *Vorlage.* Diese Vorlage ergibt sich als Inventarisierungseinheit (Reihe B) bzw. als Ordnungseinheit (Reihe A) in den vorangegangenen Bearbeitungsphasen: oft ist eine geeignete Vorlage nicht von vornherein gegeben; vielmehr handelt es sich vor der Bearbeitung, d. h. beim Befund (vgl. Abschnitt 1.2.2), gerne um eine eher zufällig zustande gekommene Einheit. Im Prozeß des wissenschaftlichen Erschließens wird diese äußere Einheit so zusammengestellt

und in ihren Teilen gegebenenfalls gereiht, daß sie sich einer inhaltlichen, inneren Einheit annähert. Wird die Zusammensetzung der Werkteile vor der wissenschaftlichen Erschließung als «Befund» bezeichnet, so handelt es sich bei dem nunmehr erreichten Zustand der Vorlage um die «Überlieferung» (vgl. auch Abschnitt 1.2.2). Die Einheit, wie sie sich in der Überlieferung darstellt (mit einbezogen sind da auch jene Einheiten, welche keiner weiteren Erschließung bedürfen) und als Vorlage der bibliographischen Beschreibung herangezogen wird, bezeichnen diese Richtlinien als *Zeugen* (vgl. §§ EZ 1; EZ 2). (Zur Generierung von Zeugen als archivalische Einheiten im konkreten Ablauf der Bearbeitung vgl. die einleitenden Bemerkungen zu Kapitel 3 sowie den Abschnitt 3.1.)
Wiewohl im Verständnis dieser Richtlinien auch eine Ausgabe als Zeuge eines Werkes gelten kann, wird in diesen Sonderregeln der Begriff «Zeuge» der Einfachheit halber ausschließlich für Entstehungszeugen gebraucht, während «Ausgabe» allen Veröffentlichungsformen vorbehalten bleibt.
Zeugen können als *Einzelwerk* (vgl. § EZ 4), als *Sammlung* (vgl. § EZ 5) oder als *Sammelwerk* (vgl. § EZ 6) vorliegen; «kombinierte Handschriften», «Sammelhandschriften» [44] und dgl. gelten als Sammlungen.
Werden mehrere Archivalien unter inhaltlichen oder auch formalen Gesichtspunkten zusammengefaßt, entsteht ein *Konvolut.* Die Bildung von Konvoluten ist aus der Zielsetzung heraus, zwischen Aufwand und Ertrag ein vernünftiges, auf das jeweilige Literaturarchiv abgestimmtes Verhältnis herzustellen, unabdingbar. Da Konvolute eine Zusammenstellung von Zeugen, ein Zeuge seinerseits eine «Zusammenstellung» von mehreren Werken sein kann, ist es möglich, ein Konvolut als Vorlage der bibliographischen Beschreibung heranzuziehen; wie dies eben auch bei Zeugen, die mehrere Werke beinhalten, möglich ist. Konvolute werden

a. wie ein Einzelwerk eines Verfassers bzw. ein gemeinschaftliches Werk von mehr als einem Verfasser behandelt (vgl. §§ EZ 5,1,Anm.3; EZ 6,1,Anm.),
b. bei einer späteren Auflösung u. U. wie ein Gesamtwerk behandelt (vgl. § EZ 110,1,Anm.).

Fortlaufende Sammelwerke werden nicht nach Zeitschriften, zeitschriftenartigen Reihen, Zeitungen, Schriftenreihen und Loseblattausgaben spezifiziert; es wird darunter nur allgemein ein Sammelwerk verstanden, das keinen von vornherein geplanten Abschluß hat und in mehreren Teilen überliefert ist (vgl. § EZ 8,1).
Da Entstehungszeugen – anders als Ausgaben – oft kein Sachtitel gegeben worden ist, sehen diese Sonderregeln die Möglichkeit vor, *Sachtitel zu fingieren;* das Fingieren von Sachtiteln ist im § EZ 126,7 allgemein geregelt. Fingierte Sachtitel sind im Begriff «Überlieferung» mitgedacht (vgl. § EZ 2,2) und somit als Teil der Vorlage aufzufassen; sofern es sich um Angaben von Quellen außerhalb der Vorlage handelt, werden sie in eckige Klammern gesetzt (vgl. § EZ 115,4).
Von einer Körperschaft als *Urheber* sprechen die RAK-WB nur unter der

grundlegenden Voraussetzung, daß es sich um ein anonymes Werk handelt. Eine weitere Bedingung besteht darin, daß diese Körperschaft das Werk (oder Teile eines solchen Werkes) «erarbeitet oder veranlaßt *und* herausgegeben» hat. Da der Begriff «herausgegeben» eine Veröffentlichung voraussetzt, wird diese zweite Bedingung für Entstehungszeugen neu formuliert: eine Körperschaft muß ein anonymes Werk «erarbeitet oder veranlaßt *und* betreut bzw. zur Herausgabe vorbereitet» haben, um als Urheber zu gelten.

Einheitsaufnahme. Der Aufbau der Einheitsaufnahme, wie ihn die RAK-WB regeln, wird für Entstehungszeugen (mit Ausnahme der 7. Gruppe) beibehalten. Es ändern sich lediglich – entsprechend dem anderen Gegenstand – die Bezeichnungen der Gruppen; dabei wird aber in keinem Fall der Grundgedanke einer Gruppe tangiert:

a. bibliographische Beschreibung
   1. Sachtitel- und Verfasserangabe
   2. Bezeichnung des Werkzusammenhangs
   3. Entstehungsvermerk
   4. Kollationsvermerk bzw. physische Beschreibung
   5. Gesamttitelangabe
   6. Fußnoten
   7. entfällt
   8. Aufführung der einzelnen Teile bei mehrteiligen Vorlagen
b. für die Einordnung notwendige Angaben
   1. Kopf für die Einordnung als Haupteintragung
   2. Nebeneintragungsvermerke und Verweisungsvermerke

Um eine Anpassung der katalogmäßigen Erschließung an die Bedeutung der einzelnen Archivalien (für das jeweilige Literaturarchiv) zu erreichen, und um gleichzeitig auf personelle Engpässe reagieren zu können, wird eine *vereinfachte Einheitsaufnahme* als Möglichkeit vorgesehen; diese vereinfachte Einheitsaufnahme besteht aus jenen Ordnungsblöcken, welche erforderlich sind, um die vorgesehenen Katalogtypen zu «speisen» (für den alphabetischen Katalog unbedingt erforderlich sind erster und gegebenenfalls auch zweiter Ordnungsblock; also gehören diese im allgemeinen zum unverzichtbaren Bestand einer solchen Minimalaufnahme – dasselbe gilt für die Angabe von Entstehungsdatum bzw. -zeitraum). Damit kann einer zu häufigen Konvolutbildung entgegengewirkt werden, ohne die Widrigkeiten des Alltags übersehen zu müssen.

Wo die verschiedenen *Sonderregeln* der RAK die Struktur der Einheitsaufnahme variieren, gelten diese Variationen auch für entsprechende Vorlagen, welche die *Entstehung* eines Werkes dokumentieren. Dabei ist Sorge dafür zu tragen, daß die allgemeinen Grundgedanken für Entstehungszeugen sinngemäß angewandt werden.

Da für Entstehungszeugen eine Staffelung der *Informationsquellen* für die Bestandteile der Einheitsaufnahme, wie es die RAK-WB vorsehen (vgl.

§ 115,1), nicht gegenstandsgerecht ist, unterscheiden diese Sonderregeln nur zwischen Angaben von der gesamten Vorlage und Angaben von Quellen außerhalb der Vorlage (vgl. § EZ 115,1). Dementsprechend ist der Begriff «Haupttitelseite», wo er in den RAK-WB als ausschließlich heranzuziehende Informationsquelle gebraucht ist, in diesen Sonderregeln durch den Begriff «gesamte Vorlage» ersetzt. Die Regelungen zu *Schreibweise* sowie typographischen und orthographischen Besonderheiten sind dahingehend modifiziert, daß sich eine stärkere Orientierung an der Vorlage ergibt.

Ein wichtiges Kriterium der RAK-WB zur *Bevorzugung* von Namensformen (vgl. § EZ 138,1) sowie von Verfassern (vgl. §§ EZ 601,2; EZ 624,2,b), Urhebern und Werken in Sammlungen bzw. begrenzten Sammelwerken ohne übergeordneten Titel (vgl. §§ EZ 621,3; EZ 623) stellt die Reihenfolge der Nennung bzw. das Hervorheben in der Vorlage dar. Aus denselben Gründen, aus denen auf eine differenzierende Staffelung der Informationsquellen verzichtet wird, erweitern diese Sonderregeln diese zwei Bevorzugungskriterien um ein drittes, nämlich um das Kriterium der *Wichtigkeit.* Das Bestimmen des wichtigsten Verfassers usw. ist Bestandteil der Erschließung (Überlieferung).

Als *Zusätze zum Sachtitel* werden Gattungsbezeichnungen und Dokumentationsangaben behandelt (vgl. § EZ 134,8 und 9). Als erste Angabe zur *Bezeichnung des Werkzusammenhangs* (RAK: «Ausgabebezeichnung») wird stets der Vermerk «EZ» gemacht, um Entstehungszeugen deutlich von Veröffentlichungen, welche im gleichen Katalog geführt werden, abzuheben. Abweichende Werkzusammenhänge enthaltener bzw. beigefügter Werke können gegebenenfalls in den Fußnoten angegeben werden (vgl. § EZ 141,1 und 5). Angaben im *Entstehungsvermerk* (RAK: «Erscheinungsvermerk») können, sofern sie erschlossen sind, hinsichtlich ihres Grads der Sicherheit sowie (bei Zeitangaben) hinsichtlich ihres Grads der Präzision kommentiert werden (vgl. §§ EZ 144,3; EZ 147,3 und 4). Entstehungsdatum bzw. -zeitraum werden unter Rücksicht auf den chronologischen Katalog (vgl. Abschnitt 4.11.3) und die elektronische Datenverarbeitung in der normierten Form ‹Jahr.Monat.Tag› angegeben (vgl. § EZ 147,1 und 2). Der *Kollationsvermerk bzw. die physische Beschreibung* beschränkt sich darauf, die äußere Beschreibung von Schriftstücken zu regeln; für andere Medien sind die entsprechenden Bestimmungen der jeweiligen RAK-Sonderregeln heranzuziehen. In den *Fußnoten* wird die Beschränkung der RAK-WB, von enthaltenen bzw. beigefügten Werken nur eine bestimmte Anzahl anzugeben, fakultativ aufgehoben; als Maßstab wird diesbezüglich deren jeweilige Bedeutung für das jeweilige Literaturarchiv angesetzt. Die Gruppe 7 der Einheitsaufnahme der RAK-WB («Internationale Standardbuchnummer (ISBN) bzw. Internationale Standardnummer für fortlaufende Sammelwerke (ISSN) und Key title, Reportnummer, Normnummer und dgl.») entfällt. Die Bezeichnung «Band» ist in Anlehnung an die RAK-AV durch den allgemeineren Begriff «Teil» ersetzt; statt von «Bandaufführung» wird deshalb von *Aufführung der Teile* gesprochen.

Einheitssachtitel. Der Einheitssachtitel hat im Rahmen der RAK-WB die Funktion, «alle Ausgaben eines Werkes mit unterschiedlichen Sachtiteln identifizieren und in bestimmten Fällen an einer Stelle im Katalog nachweisen zu können» (§ 504,1). In diesen Sonderregeln wird diese Funktion explizit zur Dokumentation eines Werkzusammenhangs zwischen Fassungen und Paralipomena mit unterschiedlichen Sachtiteln herangezogen, wobei sich die Bestimmung des Einheitssachtitels an editionstheoretischen Grundsätzen[45] orientiert (vgl. §§ EZ 504,2,h; EZ 505,1). Analog zur Sprachbezeichnung als Ordnungshilfe (vgl. § 517) werden als neue Ordnungshilfen ein Enstehungsdatum bzw. -zeitraum sowie die Bezeichnung des Werkzusammenhangs eingeführt (vgl. § EZ 516a).
Die Regelungen für Entstehungszeugen sehen – und das ist völlig neu gegenüber den RAK-WB – vor, *für Korrespondenzstücke Formalsachtitel* zu bilden und sie dann als Einheitssachtitel (vgl. § EZ 504,2,i) zu verwenden. Die Bestimmung der Formalsachtitel für Korrespondenzstücke wird im einzelnen im § EZ 630a geregelt, wobei von dem Gedanken ausgegangen wird, daß der zweite Ordnungsblock (nach dem Verfasser) der Name des Adressaten sein soll, da sich auf diesen das Interesse des Benutzers konzentriert («*Wem* hat X geschrieben?»). Der Formalsachtitel wird deshalb bei Korrespondenzstücken mit dem Namen des Adressaten (in der Ansetzungsform) gebildet, der dann gemäß § EZ 506a als Einheitssachtitel herangezogen wird. Zur Unterscheidung verschiedener Korrespondenzstücke des gleichen Verfassers an den gleichen Adressaten wird ein Entstehungsdatum bzw. -zeitraum als Ordnungshilfe hinzugefügt (vgl. § EZ 524a).

Haupt- und Nebeneintragungen. Hier sehen die Sonderregeln für Entstehungszeugen in erster Linie eine Erweiterung der in den RAK gegebenen Möglichkeiten vor, womit sichergestellt werden soll, daß Ergebnisse der wissenschaftlichen Erschließung uneingeschränkt dem Benutzer weitergegeben werden können.
Sind mehr als drei Verfasser gegeben, wird in den RAK ein Werk wie ein anonymes Werk behandelt, woraus sich Einschränkungen hinsichtlich der Nebeneintragungen unter Verfassern ergeben. Um dies fakultativ umgehen zu können, wird statt «drei» die Variable «n» eingesetzt, deren Besetzung sich an der Bedeutung der jeweiligen Verfasser für das jeweilige Literaturarchiv orientiert; dies bedeutet, daß *erst bei mehr als n Verfassern ein Werk wie ein anonymes Werk* behandelt wird (vgl. § EZ 601).
Fakultativ besteht für Entstehungszeugen nun auch die Möglichkeit, bei Sammlungen mit den Sachtiteln *enthaltener* bzw. *beigefügter Werke* (vgl. § EZ 621,2 und 3) und bei Sammelwerken unter Titeln *weiterer* beigefügter bzw. enthaltener Werke (vgl. §§ EZ 623; EZ 624,3) Nebeneintragungen zu machen.
Eine völlig neue Regelung gegenüber den RAK stellt die Möglichkeit dar, unter *Entstehungsdatum bzw. -zeitraum bzw. Erscheinungsjahr* sowie unter *Deskriptoren* und *Signaturen* Nebeneintragungen zu machen (vgl. die Abschnitte 4.7.5 bis 4.7.7). Diese Möglichkeit ist nur insofern in den RAK

verankert, als sie sich auf der Basis der Einheitsaufnahme ergibt; ihre systematische Notwendigkeit bezieht sie hingegen aus den allgemeinen Zielsetzungen dieser Richtlinien.
Und schließlich wird nicht nur *unter* einem Einheitssachtitel (also bei Sachtitelwerken mit dem Einheitssachtitel als erstem Ordnungsblock), sondern auch *mit* einem Einheitssachtitel (als zweitem Ordnungsblock), also auch bei Verfasser- und Urheberwerken, eine Nebeneintragung gemacht. Dies ist notwendig, da im Katalog dokumentiert werden soll, daß Entstehungszeugen bzw. Ausgaben in einem Werkzusammenhang stehen, indem sie dort an einer Stelle zusammengeführt werden. Deshalb gilt die entsprechende Bestimmung des § EZ 704,1 auch für Ausgaben.

Anlagen. Die Anlagen der RAK-WB gelten grundsätzlich auch für Entstehungszeugen; sie werden deshalb nicht erneut zitiert. Da sich auch in der Anlage 2 («Schemata zur Reihenfolge der Bestandteile der bibliographischen Beschreibung mit vorgeschriebener Zeichensetzung») nur die Bezeichnungen entsprechend den Sonderregeln für Entstehungszeugen ändern, sowie die Gruppe 7 der Einheitsaufnahme wegfällt, wird sie nicht eigens wiedergegeben. Anlage 4 («Abkürzungen») wird um einige Begriffe erweitert, wobei in diesen Sonderregeln nur die jeweiligen Ergänzungen angeführt werden: Diese *«Anlage EZ 4: Ergänzungen zur Liste der verbindlichen Abkürzungen der RAK-WB»* steht im Anhang dieser Richtlinien (Abschnitt 6.1).

Angaben außerhalb der bibliographischen Beschreibung

Hier wird zum einen noch einmal zusammengefaßt, welche der Angaben zu Verwaltung und Erschließung, wie sie sich in der bisherigen Bearbeitung (Phasen 1 und 2) ergeben haben, in das Erfassungsformular eingetragen werden. Gleichzeitig wird geregelt, welche dieser Angaben auf die Katalogkarte des betreffenden Archivales übertragen werden und wie dies geschieht.

Die Katalogtypen

Jeder Katalogtypus ordnet die Einheitsaufnahmen nach jeweils einem anderen primären formalen Kriterium; diese Richtlinien sehen für Literaturarchive eine Aufbereitung der vorliegenden Informationen nach fünf Hauptkriterien vor, indem sie fünf Katalogtypen vorsehen.
Der alphabetische Katalog wird im Rahmen der RAK-WB geregelt, wobei durch den Ausfall des weiteren Ordnungskriteriums «Verleger» sowie durch eine Aufwertung des Ordnungskriteriums «Bezeichnung des Werkzusammenhangs» sich für Entstehungszeugen leichte Veränderungen in der Ordnung ergeben (vgl. §§ EZ 814; EZ 814a; EZ 815). Für den *Korrespon-*

denzempfängerkatalog werden alle gemäß den Sonderregeln für Entstehungszeugen generierten Nebeneintragungen unter Adressaten (vgl. § EZ 630a,5) aus dem alphabetischen Katalog ausgeschieden und in einem eigenen Katalog zusammengeführt. Für den *chronologischen Katalog,* den *Sachkatalog* sowie den *Nachlaßbestandskatalog* werden die gemäß den Sonderregeln für Entstehungszeugen generierten Nebeneintragungen unter dem Entstehungsdatum bzw. -zeitraum bzw. Erscheinungsjahr, unter den Deskriptoren sowie unter den Bearbeitungs- und Gliederungsnummern der Signaturen in jeweils eigenen Katalogen zusammengeführt (vgl. §§ EZ 185; EZ 697 - 699).

Arbeitsteilung

Sowohl das Vervollständigen der Erfassungsformulare als auch das Herstellen der Katalogkarten und schließlich das Einlegen der Katalogkarten kann von Bibliothekaren, sofern sie in den RAK-WB geübt sind, bewerkstelligt werden; nur bei Schwierigkeiten hinsichtlich der Autopsie der Stücke kann die Beratung durch einen wissenschaftlichen Mitarbeiter – analog zu den bisherigen Ratschlägen zur Arbeitsteilung – hilfreich sein.

Bearbeitungsbereiche und Bearbeitungsschritte

4.1 Grundbegriffe

4.1.1 *Vorlage.* Zeuge. *Werk*

§ EZ 1

1. *Als Vorlage wird* der *zu katalogisierende und im Katalog nachzuweisende* Zeuge oder Bestandteil eines Zeugen *bezeichnet,* welcher die Entstehung eines Werkes in der Form einer Fassung bzw. eines Paralipomenons dokumentiert.

Anm. 1: Zeugen, welche die Entstehung dokumentieren, werden in den Regeln kurz als «Zeuge» bezeichnet.

Anm. 2: Zu «Bestandteil eines Zeugen» vgl. § UW 1.

§ EZ 2

1. Als Zeuge wird jene archivalische Einheit bezeichnet, auf der Fassungen bzw. Paralipomena, welche die Entstehung eines Werkes dokumentieren, überliefert sind.
2. Als Überlieferung wird die Vorlage, so wie sie wissenschaftlich hinsichtlich der inneren Zusammengehörigkeit und Reihenfolge der Teile sowie der Benennung des Ganzen und/oder der Teile erschlossen ist, bezeichnet.
3. Als Paralipomenon wird eine eigenständige Ausführung eines Werkes bezeichnet, welche auf das Werk bedeutungsmäßig, aber nicht durch die äußere Form beziehbar ist.
4. Als Fassung wird eine vollendete oder nicht vollendete Ausführung eines Werkes bezeichnet, die von einer anderen vollendeten oder nicht vollendeten Ausführung eines Werkes abweicht und sich auf diese durch Identität bezieht und durch Varianz von ihr unterscheidet.

   Anm.: Fassungen, die durch Korrekturen einer Grundschicht u. ä. unterscheidbar werden, gelten nicht als Fassungen im Sinne dieser Regeln.[46]

   a) Identität besteht zwischen Teilen verschiedener Fassungen eines Werkes, wenn sich die Teile in ihrer äußeren Form völlig entsprechen.
   b) Varianz besteht zwischen Teilen verschiedener Fassungen eines Werkes, wenn sich die Teile in ihrer äußeren Form nicht entsprechen.

   Anm.: Der Begriff «äußere Form» bezieht sich nicht auf die Art des Mediums.

§ EZ 3

1. *Als Werk wird eine geistige Schöpfung (Einzelwerk) bezeichnet,* die auf einem oder auf mehreren Zeugen überliefert ist.

2. *Als Werk wird auch die Gesamtheit von mehreren geistigen Schöpfungen (Sammlung oder begrenztes und fortlaufendes Sammelwerk) bezeichnet,* die auf einem oder auf mehreren Zeugen überliefert ist.
3. wie § 3,3

Anm.: *In den Regeln wird «Werk» auch für* den zu katalogisierenden Zeugen *eines Werkes verwendet.*

4.1.2 *Einzelwerk. Sammlung. Sammelwerk* [...]

§ EZ 4

1. *Als Einzelwerk wird eine in sich abgeschlossene geistige Schöpfung bezeichnet,* die zusammenhängend *und in einem oder mehreren Teilen selbständig oder als Bestandteil einer Sammlung bzw. eines Sammelwerkes unselbständig* [...] überliefert ist.
2. wie § 4,2
3. *Als Abteilung wird eine Untergliederung eines in mehreren Teilen* überlieferten *Einzelwerkes bezeichnet,* bei der ein *Gliederungsbegriff (Bezeichnung) und/oder eine sachliche Benennung und/oder Zählung* vorliegt und die *mehreren Teilen übergeordnet ist (vgl. auch* §§ EZ 5,4 *und* EZ 7,2).

§ EZ 5

1. *Als Sammlung wird eine Vereinigung von mindestens zwei Einzelwerken oder Teilen von mindestens zwei Einzelwerken desselben Verfassers in* einem Zeugen *bezeichnet,* der *in einem oder mehreren Teilen* überliefert *ist, und zwar unabhängig davon, ob die Einzelwerke vom Verfasser selbst oder von einer anderen Person bzw. Körperschaft vereinigt worden sind.*

   Anm. 1: *Auch* ein Zeuge mit *Aufsätzen, Reden,* Korrespondenzstücken *und dgl. desselben Verfassers gilt als Sammlung.*

   Anm. 2: *Eine Vereinigung von zwei oder mehreren Werken desselben Urhebers gilt nicht als Sammlung, sondern als Sammelwerk (vgl.* § EZ 6,1*).*

   Anm. 3: Ein vom Bearbeiter gebildetes Konvolut von mindestens zwei Einzelwerken oder Teilen von mindestens zwei Einzelwerken desselben Verfassers wird dagegen wie ein Einzelwerk eines Verfassers, das in einem Teil überliefert ist, behandelt. Bei einer späteren Auflösung des Konvoluts können die Vorlagen wie Teile eines Gesamtwerkes (= Konvolut) behandelt werden, sofern der ursprüngliche Konvolut-Zusammenhang vom jeweiligen Literaturarchiv als wichtig erachtet wird (vgl. § EZ 110,1,Anm.).
2. *Nicht als Sammlung gilt* ein Zeuge *mit Gedichten sowie ein Werk, das im wesentlichen aus Schöpfungen oder Abbildungen von Schöpfungen eines bildenden Künstlers besteht.*
   Ein solches Werk wird wie ein Einzelwerk behandelt.
3. wie § 5,3
4. *Als Abteilung wird eine Untergliederung einer in mehreren Teilen* überlieferten *Sammlung bezeichnet,* bei der ein *Gliederungsbegriff (Bezeichnung)*

und/oder eine sachliche Benennung und/oder Zählung vorliegt und die *mehreren Teilen gemeinsam übergeordnet ist (vgl. auch* §§ EZ 4,3 *und* EZ 7,2*).*

§ EZ 6

1. *Als Sammelwerk wird eine Vereinigung von mindestens zwei Einzelwerken oder Teilen von mindestens zwei Einzelwerken in* einem *ein- oder mehrteiligen* Zeugen *bezeichnet, die nicht von demselben Verfasser stammen.*
   Anm.: Ein vom Bearbeiter gebildetes Konvolut von mindestens zwei Einzelwerken oder Teilen von mindestens zwei Einzelwerken, die nicht von demselben Verfasser stammen, wird dagegen wie ein gemeinschaftliches Werk von zwei bis n bzw. von mehr als n Verfassern behandelt (vgl. §§ EZ 601,2 und 3; EZ 602). Bei einer späteren Auflösung des Konvoluts können die Vorlagen wie Teile eines Gesamtwerkes (=Konvolut) behandelt werden, sofern der ursprüngliche Konvolut-Zusammenhang vom jeweiligen Literaturarchiv als wichtig erachtet wird (vgl. § EZ 110,1,Anm.).
2. wie § 6,2
3. *Ein Sammelwerk kann begrenzt oder fortlaufend* überliefert sein.

§ EZ 7

1. *Ein begrenztes Sammelwerk ist ein Sammelwerk, das einen von vornherein geplanten Abschluß hat und in einem oder mehreren Teilen* überliefert *ist.*
2. *Als Abteilung wird eine Untergliederung eines in mehreren Teilen* überlieferten *begrenzten Sammelwerkes bezeichnet,* bei der ein *Gliederungsbegriff (Bezeichnung) und/oder eine sachliche Benennung und/oder Zählung* vorliegt und die *mehreren Teilen gemeinsam übergeordnet ist (vgl. auch* §§ EZ 4,3 *und* EZ 5,4*).*

§ EZ 8

1. *Ein fortlaufendes Sammelwerk ist ein Sammelwerk, das keinen von vornherein geplanten Abschluß hat und in mehreren Teilen* überliefert ist.
   Anm.: entfällt
2. entfällt
3. *Als Unterreihe wird eine Untergliederung eines fortlaufenden Sammelwerkes bezeichnet,* bei der ein *Gliederungsbegriff (Bezeichnung) und/oder eine sachliche Benennung und/oder Zählung* vorliegt und die *mehreren Teilen gemeinsam übergeordnet ist und ebenfalls ohne von vornherein geplanten Abschluß* überliefert ist.
   Angaben, die lediglich eine chronologische Abfolge der Teile *eines fortlaufenden Sammelwerkes zum Ausdruck bringen,* [...] *gelten jedoch nicht als Bezeichnungen einer Unterreihe, sondern als übergeordnete Angabe der Teile.*

§§ 9 - 13 entfallen

4.1.3 *Enthaltene Werke. Beigefügte Werke*

§ EZ 14

Als enthaltenes Werk wird ein Werk bezeichnet, das in einem Zeugen *eines anderen Werkes (Sammlung oder Sammelwerk) mit einem übergeordneten Titel* überliefert ist [...]. Der übergeordnete Sachtitel kann fingiert werden. Der Titel des enthaltenen Werkes kann von allen Teilen der Vorlage und von Quellen außerhalb der Vorlage bezogen werden. Der Sachtitel des enthaltenen Werkes kann gegebenenfalls ebenfalls fingiert werden.

Anm. 1: Zu den einzelnen Informationsquellen vgl. § EZ 115.
Anm. 2: Zu fingierten Sachtiteln vgl. § EZ 126,7.

§ EZ 15

Als beigefügtes Werk wird ein Werk bezeichnet, das als zweites oder weiteres in einem Zeugen *eines anderen Werkes (Sammlung oder Sammelwerk) ohne einen* überlieferten, *übergeordneten Titel* [...], zu dem auch kein übergeordneter Titel fingiert wird, überliefert ist. Der Titel des beigefügten Werkes kann von allen Teilen der Vorlage und von Quellen außerhalb der Vorlage bezogen werden. Der Sachtitel des beigefügten Werkes kann gegebenenfalls fingiert werden.

Anm. 1: Zu den einzelnen Informationsquellen vgl. § EZ 115.
Anm. 2: Zu fingierten Sachtiteln vgl. § EZ 126,7.

4.1.4 *Verfasser. Urheber. Sonstige an einem Werk oder* einem Zeugen *beteiligte Personen und Körperschaften*

§ 16

§ EZ 17

Als anonymes Werk wird ein Werk bezeichnet, dessen Verfasser weder genannt noch erschlossen *sind.*

Anm. 1: wie § 17, Anm.
Anm. 2: Als anonyme Werke im Sinne dieser Regeln gelten auch diejenigen Werke, von deren Verfassern nur der Vorname bzw. die Initialen des Familiennamens bekannt sind.

§ EZ 18

Als Urheber werden die Körperschaften bezeichnet, die – allein oder gemeinschaftlich – ein anonymes Werk oder Teile eines solchen Werkes
erarbeitet
oder
veranlaßt UND betreut bzw. zur Herausgabe vorbereitet
haben.

§ 19

4.1.5 *Sachtitel. Zusatz zum Sachtitel*

§ EZ 20

1. *Als Sachtitel wird eine sachliche Benennung eines Werkes und* eines Zeugen *eines Werkes bezeichnet.*
2. *Als Einheitssachtitel wird derjenige Sachtitel bezeichnet, der einheitlich für alle* Zeugen *eines Werkes* bzw. in bestimmten Fällen für verschiedene Werke *bestimmt wird.*
3. wie § 20,3

§ 21

4.1.6 *Titel*

4.1.6.1 *Titel. Vorliegender Titel.* [...] *Titel bei Eintragungen. Ansetzung*

§ 22

§ EZ 23

1. *Als vorliegender Titel wird der Titel in der Form der Vorlage bezeichnet.* Ein Titel von Quellen außerhalb der Vorlage sowie ein fingierter Sachtitel werden wie ein vorliegender Titel bzw. Sachtitel behandelt.
   Anm.: Zu Angaben von Quellen außerhalb der Vorlage vgl. § EZ 115.

2\. - 3. wie § 23,2 - 3

§ EZ 24

1\. - 2. wie § 24,1 - 2
3\. entfällt

4.1.6.2 *Titelseiten. Haupttitelseite*

§ 25

§ EZ 26

1. wie § 26,1
2. *Von mehreren Titelseiten mit unterschiedlichen Fassungen des Titels gilt als Haupttitelseite*
   a) *diejenige, die durch ihre typographische Gestaltung hervorgehoben ist,*
   b) *wenn keine hervorgehoben ist, diejenige, die die vollständigsten Angaben zur Beschreibung der Vorlage enthält,*

Anm.: *Eine ausgeschriebene Form eines Titels gilt gegenüber einer korrespondierenden Form in einer Initialen- oder ähnlichen Buchstabenfolge als vollständigere Angabe.*

c) *bei mehreren gleichwertigen* diejenige, deren Angaben dem Titel der ersten autorisierten Veröffentlichung oder, wenn eine solche nicht vorliegt bzw. nicht bekannt ist bzw. nicht existiert, dem Titel der letzten repräsentativen Fassung eines Werkes entsprechen,
[...]
d) wenn keine solche Entsprechung vorliegt, die erste.

3. wie § 26,3

4.1.6.3 *Verschiedene Titel für denselben Inhalt in* einem Zeugen. *Haupttitel. Nebentitel. Paralleltitel*

§ 27

§ EZ 28

1. *Stehen mehrere Titel für denselben Inhalt auf der Haupttitelseite, so gilt im allgemeinen der hervorgehobene bzw. der zuerst genannte als Haupttitel.* Entspricht einer der Titel dem Titel der ersten autorisierten Veröffentlichung, so gilt dieser als Haupttitel. Entspricht einer der Titel dem Titel der letzten repräsentativen Fassung eines Werkes und ist kein Titel einer ersten autorisierten Veröffentlichung genannt, so gilt dieser als Haupttitel.
2. - 5. wie § 28,2 - 5

4.1.6.4 *Verschiedene Titel für unterschiedlichen Inhalt in* einem Zeugen

§§ 29 - 30

§ EZ 31

1. *Enthält* ein Zeuge *ein Werk mit beigefügten Werken* (§ EZ 15), *werden der erste Titel als Titel des ersten Werkes und die weiteren Titel als Titel der beigefügten Werke bezeichnet.*
2. Wird durch diese Regelung der Sachverhalt übermäßig verzerrt, kann der Titel des wichtigsten Werkes als Titel des ersten Werkes festgelegt werden.

Anm.: *Kommen die Titel in mehreren Fassungen vor, wird jeder nach den Bestimmungen von §§ 25,* EZ 26, *27* und EZ 28 *behandelt.*

§ 32

4.1.6.5 *Verschiedene Titel in verschiedenen* Teilen eines Zeugen. *Titeländerungen*

§ 33

4.1.6.6 *Verschiedene Titel in verschiedenen* Zeugen *eines Werkes*

§ 34

4.1.7 *Verfasserwerk. Urheberwerk. Sachtitelwerk*

§ 35

4.2 *Allgemeine Regeln*

4.2.1 *Der alphabetische Katalog und seine Funktion*

Anm. 1: Sofern die vorliegenden Regelungen in Literaturarchiven zur Anwendung kommen, ist statt «Bibliothek» der Begriff «Literaturarchiv» gebraucht bzw. sinngemäß zu ersetzen.
Anm. 2: Zu anderen, gleichfalls vorgesehenen Katalogtypen vgl. §§ EZ 697 - 699 sowie den Abschnitt 4.11 dieser Richtlinien.

§§ 101 - 103

4.2.2 *Die äußere Form des Katalogs*

§§ 104 - 106

4.2.3 *Vorlage und Eintragung*

§ EZ 107

1. wie § 107,1
2. *Die durch einen* Verfasser, *Verleger oder Herausgeber in einem Band,* *einer Mappe,* einem Heft, Umschlag, Kuvert, einer *Kapsel und dgl. vereinigten Teile sind Bestandteile der Vorlage. Zur Vorlage gehört auch Begleitmaterial* [...], *das gesondert* und *ohne Verbindung,* lose, *einem Band,* einem Heft, *in einer Mappe,* Umschlag, Kuvert, *in einer Kapsel* und dgl. *beigefügt ist.* Behältnisse selbst gelten gleichermaßen als Begleitmaterial.

Anm.: Geht aus der Vorlage nicht hervor, was als Zeuge und was als Begleitmaterial überliefert ist, ist im allgemeinen schriftlichen Zeugen gegebenenfalls Vorrang einzuräumen. Ist dies nicht möglich, wird ein Zeuge als unbedeutender eingeschätzt und als Begleitmaterial behandelt.

3. - 4. entfallen

4.2.4 *Vorlage und Einheitsaufnahme*

§ 108

§ EZ 109

Jeder Zeuge *eines Werkes erhält im allgemeinen eine eigene Einheitsaufnahme. Mehrere Exemplare* desselben Zeugen *werden im allgemeinen auf einer gemeinsamen Einheitsaufnahme nachgewiesen, auch wenn sie verschiedene Einbandarten haben.*
*Für mehr*teilige *Werke, die in verschiedenen gezählten* Zeugen überliefert sind, *wird jedoch eine einzige Einheitsaufnahme gemacht, wenn sich die* Einteilung der Teile *nicht ändert (vgl.* § EZ 166,1*).*

Anm. 1: *Zum Nachweis der verschiedenen* Zeugen *eines Werkes unter bzw. mit ihrem Einheitssachtitel vgl. §§ 159,1; 175;* EZ 504; EZ 505; EZ 506a; EZ 507; *508 - 515;* EZ 701,2 und 3; EZ 704,1 und 3.

Anm. 2: *Zur Verknüpfung der Einheitsaufnahmen für verschiedene* Zeugen *eines Werkes mit verschiedenen Titeln, für die ein Einheitssachtitel für Eintragungen nicht verwendet wird, vgl. §§* EZ 163,2 und 3; EZ 504,Anm.; EZ 704,2.

Anm. 3: Ein mit Glossen, Unterstreichungen, Korrekturen u. ä. versehenes Exemplar eines Zeugen bzw. einer Ausgabe erhält eine eigene Einheitsaufnahme.

§ EZ 110

1. wie § 110,1

   Anm.: Ein Konvolut wird nach dessen Auflösung wie ein Gesamtwerk behandelt, wenn der ursprüngliche Konvolut-Zusammenhang dokumentiert werden soll (vgl. §§ EZ 5,1,Anm.3; EZ 6,1,Anm.).

2. *Auf die Stücktitelaufnahme wird verzichtet, wenn*

   a) - d) wie § 110,2,a - d

   e) - g) entfallen

3. - 4. wie § 110,3 - 4

§§ 111 - 113

4.2.5 *Die Einheitsaufnahme und ihre Bestandteile. Allgemeine Bestimmungen*

4.2.5.1 *Die Bestandteile der Einheitsaufnahme und ihre Gliederung*

§ EZ 114

Die Einheitsaufnahme enthält:

a) *die bibliographische Beschreibung der Vorlage in folgenden Gruppen und im allgemeinen in folgender Reihenfolge*
   1. *Sachtitel- und Verfasserangabe*
      1.1 *Hauptsachtitel*
      1.2 *Zusätze zum Sachtitel, Angaben von Unterreihen oder fortlaufenden Beilagen, Paralleltitel, Titel beigefügter Werke, Nebentitel*
      1.3 *Verfasserangabe*
      Anm.: *Zur Reihenfolge bei unterschiedlichen Sachtitel- und Verfasserangaben vgl.* §§ EZ 126; EZ 136,4.
   2. Bezeichnung des Werkzusammenhangs
      2.1 Art des Werkzusammenhangs
      2.2 *In Verbindung mit* dem Zeugen *genannte* bzw. zu nennende *Personen und Körperschaften*
   3. Entstehungs*vermerk*
      3.1 Entstehungs*ort*
      [...]
      3.2 Entstehungsdatum bzw. -zeitraum
      [...]
   4. *Kollationsvermerk* bzw. *physische Beschreibung*[47]
      4.1 Spezifische Bezeichnung und Umfang der Vorlage
      4.2 Sonstige physische Angaben
      4.3 *Illustrationsangabe*
      4.4 *Angabe von Begleitmaterial*
   5. *Gesamttitelangabe*
   6. *Fußnoten*
   7. entfällt
   8. *Aufführung der* einzelnen Teile bei mehrteiligen Vorlagen (Bandaufführung).
      Anm.: In den hier vorliegenden Regeln ist statt «Bandaufführung» der Begriff «Aufführung der Teile», statt «Bandangabe» «Angabe der Teile» und statt «mehrbändig» «mehrteilig» gebraucht bzw. sinngemäß anzuwenden.[48]

b) *die für ihre Einordnung notwendigen Angaben, das sind*
   1. *Kopf für die Einordnung als Haupteintragung*
   2. *Nebeneintragungsvermerke und Verweisungsvermerke.*

Anm.: Aus Gründen der Ökonomie kann auf alle jene Bestandteile der Einheitsaufnahme verzichtet werden, die nicht für die Einordnung in den alphabetischen Katalog (vgl. Abschnitt 4.11.1), den Korrespondenzempfängerkatalog (vgl. Abschnitt

4.11.2) sowie den chronologischen Katalog (vgl. Abschnitt 4.11.3) erforderlich sind. Bei einer solchen vereinfachten Einheitsaufnahme ist im Erfassungsformular und auf der Katalogkarte der Vermerk «Unvollst. Beschr.» anzubringen.

4.2.5.2 *Die Informationsquellen für die Bestandteile der Einheitsaufnahme*

§ EZ 115

1. *Die für die Einheitsaufnahme notwendigen Angaben werden übernommen*
   a) von der gesamten Vorlage
   b) von Quellen außerhalb der Vorlage
   Anm.: Wird der Begriff «Haupttitelseite» in den RAK-WB als ausschließlich heranzuziehende Informationsquelle gebraucht, so ist in den vorliegenden Regeln in diesen Fällen der Begriff «gesamte Vorlage» gebraucht bzw. sinngemäß anzuwenden.
2. *Die in* § 115,1 der RAK-WB sowie der einzelnen Sonderregeln *genannten Informationsquellen werden im allgemeinen in der* dort *genannten Reihenfolge für die notwendigen Angaben der bibliographischen Beschreibung herangezogen* und im allgemeinen in der dort vorliegenden Form übernommen. [...] *Ergänzungen nach Quellen außerhalb der Vorlage werden nur gemacht, wenn dies für die Einheitsaufnahme erforderlich ist.*
3. *Als primäre Informationsquellen gelten für*

a) Sachtitel und Verfasserangabe, Bezeichnung des Werkzusammenhangs, Entstehungsvermerk, Kollationsvermerk bzw. physische Beschreibung und Gesamttitelangabe	*die gesamte Vorlage*
b) *Fußnoten* [...]	*die gesamte Vorlage und andere Quellen*
c) Angabe der Teile (Bezeichnung und Zählung der Teile) *bei der Aufführung der einzelnen Teile*	*die gesamte Vorlage*
d) *Kopf, Nebeneintragungs- und Verweisungsvermerke*	*die gesamte Vorlage und andere Quellen*

   Anm. 1: wie § 115,3,Anm.1
   Anm. 2: entfällt
4. *Angaben,* die von Quellen außerhalb der Vorlage stammen, also auch fingierte Angaben, werden mit Ausnahme der in § EZ 114,a genannten Gruppen 4 und 6 sowie der Kopf-, Nebeneintragungs- und Verweisungsvermerke *in eckige Klammern gesetzt.*
   Anm.: *Zur Verwendung von eckigen Klammern bei Einheitssachtiteln und Ansetzungssachtiteln im Kopf vgl.* § EZ 177,2, *bei Einheitssachtiteln und Sammlungsvermerken in Fußnoten* §§ EZ 161,2; EZ 162,8,a.
5. wie § 115,5

4.2.5.3 *Schriftart*

§ 116

4.2.5.4 *Schreibweise. Typographische und orthographische Besonderheiten*

§ EZ 117

1. wie § 117,1
2. [...] *Typographische Besonderheiten* und falsche Angaben *werden jedoch außer in Sachtiteln und Personen- und Körperschaftsnamen* im allgemeinen *ohne Kennzeichnung berichtigt bzw. in der heute üblichen Schreibweise wiedergegeben.*

   Anm. 1: *Zur Berichtigung von* typographischen Besonderheiten und falschen Angaben
   - a) *in Sachtiteln* — *vgl. §§ 129,a; 130*
   - b) *in Personen- und Körperschaftsnamen* — *vgl.* § EZ 137,4

   Anm. 2: *Zur Berichtigung falscher Angaben*
   - *a) in der* Bezeichnung des Werkzusammenhangs — *vgl.* § EZ 141,3
   - b) *im* Entstehungs*vermerk* — *vgl.* § EZ 144,3
   - c) *im Kollationsvermerk* bzw. in der physischen Beschreibung — *vgl.* § EZ 151,3.
3. [...] *Buchstaben über anderen Buchstaben werden diesen nachgestellt, ausgenommen in Formeln.*
4. [...] *Spatien der Vorlage werden gemäß den Ansetzungsbestimmungen behandelt; Bindestriche werden ohne Kenntlichmachung ergänzt oder weggelassen.*
   Bis-Striche zwischen mehreren Bestandteilen werden mit Spatium davor und danach wiedergegeben. Fehlt ein Bestandteil, so steht nur ein Spatium zwischen Bis-Strich und dem vorhandenen Bestandteil.
5. wie § 117,5
6. *Für die Groß- und Kleinschreibung* richtet man sich nach der Vorlage. In Zweifelsfällen richtet man sich nach den Rechtschreiberegeln der betreffenden Sprache.

   Anm.: entfällt

   Für alle Sprachen gelten folgende Bestimmungen. Mit großem Anfangsbuchstaben wird geschrieben: [...] alle Wörter, die nach Punkt, Ausrufezeichen, Fragezeichen stehen, außerdem in Eigennamen, Körperschaftsnamen und geographischen Namen alle Wörter außer Artikeln, Präpositionen und Konjunktionen im Innern der Namen, sofern diese nicht mit dem folgenden Namensbestandteil ein Ordnungswort bilden (vgl. § 314,3).

   Anm.: *Das erste Wort einer Unterstufe in einem Körperschaftsnamen wird ebenfalls mit großem Anfangsbuchstaben geschrieben.*

§ 118

4.2.6 *Die bibliographische Beschreibung*

4.2.6.1 *Allgemeine Bestimmungen*

4.2.6.1.1 *Zeilengestaltung*

§ EZ 119

1. wie § 119,1
2. *Auf neuer Zeile beginnen jedoch*
   a) *die Fußnoten,*
   b) entfällt
   c) die Aufführung der Teile.
3. wie § 119,3

4.2.6.1.2 *Zeichensetzung (Satzzeichen und Deskriptionszeichen)*

§ 120

§ EZ 121

1. wie § 121,1
2. *Die in* § EZ 114,a *genannten Gruppen der bibliographischen Beschreibung werden durch folgende Deskriptionszeichen getrennt:*
   a) - d) wie § 121,a - d
   e) entfällt
   f) wie § 121,f

§ EZ 122

Innerhalb der Gruppen sind folgende Deskriptionszeichen zu setzen:
a) - f) wie § 122,a - f
g) Vor dem Entstehungsdatum bzw. -zeitraum *steht Komma, Spatium (,).* Zwischen mehreren Entstehungsorten steht Spatium, Semikolon, Spatium (;).
ga) Vor einer Untergliederung der spezifischen Bezeichnung und des Umfangs einer Vorlage steht Doppelpunkt, Spatium (:).
gb) Vor den sonstigen physischen Angaben steht Spatium, Doppelpunkt, Spatium (:); zwischen mehreren solchen Angaben steht Komma, Spatium (,).
h) - j) wie § 122,h - j
k) entfällt
l) wie § 122,l
Anm. 1 - 2 wie § 122, Anm.1 - 2

§§ 123 - 125

4.2.6.2 *Die einzelnen Teile der bibliographischen Beschreibung*

4.2.6.2.1 *Sachtitel- und Verfasserangabe*

4.2.6.2.1.1 *Bestimmungen zur Sachtitel- und Verfasserangabe insgesamt*

§ EZ 126

1. -3. wie § 126,1 - 3
4. *Von* in der Vorlage *genannten Titeln beigefügter Werke wird einer nach den Angaben des für die Haupteintragung maßgeblichen Werkes angegeben. Für jedes Werk gelten gesondert die Bestimmungen des Abschnittes* 4.2.6.2.1. *Bei Sammelwerken werden insgesamt zwei Titel, bei Sammlungen insgesamt zwei Sachtitel angegeben.*
   Beigefügte Korrespondenzstücke werden nicht in der Sachtitel- und Verfasserangabe angegeben.
   Weggelassene, in der Vorlage *genannte Titel bzw. Sachtitel beigefügter Werke werden durch «[u. a.]» angedeutet.*
   Anm. 1: Zur Bestimmung des ersten beigefügten Werkes richtet man sich im allgemeinen nach der Reihenfolge in der Vorlage. Wird durch diese Regelung der Sachverhalt übermäßig verzerrt, kann der Titel des nächstwichtigsten Werkes als Titel des ersten beigefügten Werkes festgelegt werden (vgl. § EZ 31).
   Anm. 2: *Zur Angabe von Titeln beigefügter Werke, die nicht* in der Sachtitel- und Verfasserangabe aufgeführt werden, *sowie von Titeln enthaltener Werke vgl.* § EZ 162,8,a.
   Anm. 3: Zur Angabe von Korrespondenzstücken in den Fußnoten vgl. § EZ 162,8,a.
5. - 6. wie § 126,5 - 6
7. Enthält die Vorlage keinen Sachtitel und ist ein solcher auch nicht aus anderen Quellen außerhalb der Vorlage zu ermitteln, wird ein Sachtitel fingiert. Diese Angabe wird wie eine Angabe von Quellen außerhalb der Vorlage behandelt (vgl. § EZ 115).
   Anm. 1: Bei Gedichten kann das Incipit als Sachtitel verwendet werden. Ein Incipit ist stets in Anführungszeichen zu setzen.
   Anm. 2: Gegebenenfalls wird der Sachtitel eines Werkes, welches mit dem vorliegenden Werk in einem Werkzusammenhang steht, analog zu den Bestimmungen von § EZ 505 (Einheitssachtitel) herangezogen.
   Anm. 3: Zu fingierten Sachtiteln bei enthaltenen Werken vgl. § EZ 14, bei beigefügten Werken vgl. § EZ 15.

4.2.6.2.1.2 *Sachtitelangabe*

§ 127

§ EZ 128

1. wie § 128,1
2. *Enthält der Sachtitel grammatisch mit diesem verbundene Namen von Personen oder Körperschaften, die Verfasser bzw. Urheber oder sonstige beteiligte* bzw. als Adressaten nicht beteiligte *Personen bzw. Körperschaften sind, so werden sie als Bestandteil des Sachtitels angegeben.*
   Anm. 1 - 3 wie § 128,2, Anm. 1 - 3
3. - 7., wie § 128,3 - 7

§§ 129 - 131

§ EZ 132

Nebensachtitel, die in der Vorlage *genannt sind, werden wie Zusätze zum Sachtitel angegeben.*
Anm.: entfällt

§ 133

4.2.6.2.1.3 *Zusätze zum Sachtitel*

§ EZ 134

1. *Zusätze zum Hauptsachtitel, zu sachlichen Benennungen von Unterreihen und zu Sachtiteln* in der Vorlage *genannter beigefügter Werke werden im allgemeinen übernommen und die enthaltenen Wörter nach Möglichkeit* abgekürzt.
2. wie § 134,2
3. entfällt
4. - 7. wie § 134,4 - 7
8. Eine Gattungsbezeichnung ist entsprechend der Vorlage anzugeben bzw. zu erschließen und wird wie ein weiterer Zusatz zum Sachtitel behandelt. Ist die Gattung bereits im Sachtitel oder in einem vorhergehenden Zusatz zum Sachtitel genannt, wird auf eine weitere Bezeichnung der Gattung verzichtet, sofern die vorhergehenden Angaben ausreichend bzw. korrekt sind und der Verzicht auf die Angabe nicht sinnstörend wirkt. Mehrere vorhandene Gattungen werden wie mehrere Zusätze zum Sachtitel behandelt.
   Anm.: Folgende Gattungsbezeichnungen werden empfohlen:
   a) für künstlerische und wissenschaftliche Werke: Gedicht, Drama, Prosa, Prosagedicht, Essay, Aphorismus, Interview, Vorlesung; Atelierfoto, Kunstfoto, Privatfoto, Wanderfotografenfoto, Sammelbild, Postkarte; Brustbild, Kopfbild etc.; Landschaftsbild,

b) für Korrespondenzstücke: Korrespondenzstück,
c) für Dokumente: Zeugnis, Urkunde, Reisepaß, Rechnung, Verlagsabrechnung, Testament, Parte etc.

Für Karten vgl. § K 134,8 - 10; für Musikalien und Musiktonträger vgl. § M 134,8. Bei AV-Medien gelten spezifische Materialbenennungen nicht als Gattungsbezeichnungen.

9. Wird in der Vorlage ein Ereignis bzw. ein Sachverhalt dokumentiert, so wird das Ereignis bzw. der Sachverhalt näher charakterisiert. Diese Dokumentationsangabe wird wie ein weiterer Zusatz zum Sachtitel behandelt. Ist die Dokumentationsangabe bereits im Sachtitel oder in einem vorhergehenden Zusatz zum Sachtitel enthalten, wird darauf verzichtet, sofern die vorhergehenden Angaben ausreichend bzw. korrekt sind und der Verzicht auf die Angabe nicht sinnstörend wirkt. Mehrere Dokumentationsangaben werden wie mehrere Zusätze zum Sachtitel behandelt.

Anm.: *Zu Zusätzen zu Gesamtsachtiteln vgl. § 155,5.*

§ 135

4.2.6.2.1.5 *Verfasserangabe*

§ EZ 136

1. *In der Verfasserangabe werden, unabhängig davon, ob in der Vorlage genannt oder aus anderen Quellen ermittelt, im allgemeinen angeführt:*
   a) *alle Verfasser und Urheber, die eine Haupt- oder Nebeneintragung* erhalten,
   b) *die sonstigen beteiligten* und als Adressaten nicht beteiligten (vgl. § EZ 630a) *Personen und Körperschaften, die eine Nebeneintragung erhalten.*

   Bei fortlaufenden Sammelwerken wird der besonders hervorgehobene bzw. zuerst genannte bzw. wichtigste *Urheber stets angegeben, auch wenn er keine Eintragung erhält.*
2. *Es wird jedoch verzichtet auf die Aufführung von*
   a) - c) wie § 136,2,a - c
   d) *sonstigen beteiligten* und als Adressaten nicht beteiligten *Personen und Körperschaften, die im Sachtitel, im Zusatz zum Sachtitel oder in der* Bezeichnung des Werkzusammenhangs *genannt sind* (vgl. §§ EZ 128,2; EZ 134,6; EZ 142),
   e) einzigen Adressaten, deren vorliegende Namensform mit der Ansetzungsform im Formalsachtitel übereinstimmt – von Umstellungen abgesehen.
3. *Weitere Verfasser, Urheber und sonstige beteiligte* und als Adressaten nicht beteiligte *Personen oder Körperschaften werden im allgemeinen nicht angegeben. Sie werden durch drei Punkte angedeutet, wenn eine Person oder Körperschaft mit derselben Funktion angegeben wird.*

Anm.: Zur Angabe weiterer Adressaten in einer Fußnote vgl. §§ EZ 162,2a; EZ 630a,4.

4. wie § 136,4

§ EZ 137

1. wie § 137,1
2. *Fehlen einführende Wendungen, so wird im allgemeinen auf eine Ergänzung verzichtet.* Nur bei Korrespondenzsstücken, deren Adressaten in der Verfasserangabe anzuführen sind, wird die Wendung «an» ergänzt, sofern sie bzw. eine sinngemäße Wendung nicht ohnehin in der Vorlage gegeben ist.
3. - 4. wie § 137,3 - 4
5. Kann der Name einer Person oder Körperschaft nicht zweifelsfrei erschlossen werden, so wird der Grad der Sicherheit der Erschließung angegeben. Die Angabe zum Grad der Sicherheit steht stets vor dem betreffenden Namen bzw. Namensteil. Eine zweifelfhafte Namensangabe wird durch «[?]», eine interpretatorisch nicht völlig gesicherte Namensangabe durch «[verm.]», eine mit an Sicherheit grenzender Wahrscheinlichkeit bestimmte Namensangabe durch «[wahrsch.]» angedeutet.[49]

§ EZ 138

1. *Von mehreren in der Vorlage genannten Namensformen eines Verfassers, Urhebers oder einer sonstigen beteiligten* oder als Adressat nicht beteiligten *Person oder Körperschaft wird* gegebenenfalls *die auf der Haupttitelseite genannte angegeben, von mehreren auf der Haupttitelseite genannten im allgemeinen die besonders hervorgehobene bzw. erstgenannte* bzw. wichtigste *bzw. die zum Hauptsachtitel gehörende Namensform.*
   Sind neben einem scheinbar zusammengesetzten Namen die Namen dieser Personen auch noch einzeln in der Vorlage *genannt, so werden nur diese angegeben; der scheinbar zusammengesetzte Name wird in einer Fußnote angeführt (vgl.* § EZ 162,3*).*
2. - 4. wie § 138,2 - 4

§§ 139 - 140

4.2.6.2.2 Bezeichnung des Werkzusammenhangs

§ EZ 141

1. In jedem Fall und vor jeder weiteren Bezeichnung des Werkzusammenhangs wird der Vermerk «[EZ]» angegeben. Eine weitere Bezeichnung des Werkzusammenhangs *wird im Wortlaut der Vorlage unter Beachtung der Regeln für Zeichensetzung, Ziffern, Abkürzungen (vgl. §§ 120;* EZ 121 - 122; *124; 125) übernommen. Eine nicht in der Vorlage genannte*

Bezeichnung des Werkzusammenhangs *wird nach Möglichkeit* erschlossen. Eine Bezeichnung des Werkzusammenhangs entfällt, wenn sie bereits im Titel genannt ist, sofern diese vorhergehenden Angaben ausreichend bzw. korrekt sind und der Verzicht auf die Bezeichnung nicht sinnstörend wirkt.
Besteht eine Bezeichnung des Werkzusammenhangs *aus zwei* oder mehr *Angaben, so werden diese* jeweils *durch Komma, Spatium (,) getrennt.*

Anm. 1: Folgende Bezeichnungen werden empfohlen: Notiz, Skizze, Entwurf, Konzept, Reinschrift, Druckvorlage, Abschrift, Druckfahne, Kopie; Originalabzug, Vintage Print, Reprint, Reproduktion.
Diese Bezeichnungen können durch Zusätze wie «erster», «zweiter», «überarbeiteteter», «letzter» näher spezifiziert werden. Bei Vorliegen einer historisch-kritischen Ausgabe können die Bezeichnungen übernommen werden.
Diese Liste der Bezeichnungen des Werkzusammenhangs ist unvollständig; bei Bedarf können weitere Begriffe verwendet werden.[50]

Anm. 2: Bei abgeschickten Korrespondenzstücken sowie bei gültigen Dokumenten wird auf eine weitere Bezeichnung des Werkzusammenhangs verzichtet.

2\. - 4. wie § 141,2 - 4

5\. Bei Sammlungen und Sammelwerken bezieht sich die Bezeichnung des Werkzusammenhangs im allgemeinen auf die gesamte Vorlage. Gilt jedoch für den Titel des ersten Werkes ein anderer Werkzusammenhang als für die beigefügten Werke, so bezieht sich die Bezeichnung des Werkzusammenhangs auf den Titel des ersten Werkes. Für das erste beigefügte Werk entfällt in diesem Fall eine Bezeichnung des Werkzusammenhangs. Die jeweils abweichende Bezeichnung des Werkzusammenhangs des beigefügten Werkes kann als Fußnote angegeben werden (vgl. § EZ 162,4). Entspricht die Bezeichnung des Werkzusammenhangs des übergeordneten Titels nicht jener der enthaltenen Werke, entfällt diese Angabe. Für enthaltene Werke bzw. weitere beigefügte Werke werden in diesem Fall bei der Angabe enthaltener bzw. beigefügter Werke in der Fußnote die jeweiligen Bezeichnungen des Werkzusammenhangs angegeben (vgl. § EZ 162,8,a).

6\. *In Verbindung mit der* Bezeichnung des Werkzusammenhangs *genannte* bzw. zu nennende *Beigaben werden in dieser* bzw. einer eigens zu formulierenden *Verbindung angegeben* [...].

Anm.: *Zur Angabe von Beigaben als Zusatz zum Sachtitel vgl.* § EZ 134,7; *in der Illustrationsangabe vgl. § 152,3.*

7\. - 8. entfällt

§ EZ 142

1. *Eine in Verbindung mit der* Bezeichnung des Werkzusammenhangs *genannte* bzw. erschlossene *sonstige beteiligte Person oder Körperschaft wird als Bestandteil der* Bezeichnung des Werkzusammenhangs *angegeben* [...].
2. entfällt

4.2.6.2.3 Entstehungs*vermerk*

Anm.: Literaturarchive *können* [...] *über die folgenden Regelungen hinausgehen, indem sie zusätzliche oder wechselnde* [...] Enstehungsorte *angeben.*

4.2.6.2.3.1 *Allgemeine Bestimmungen*

§ EZ 143

1. *Der* Entstehungs*vermerk wird in einer feststehenden Reihenfolge, unabhängig von der Form der Vorlage, wiedergegeben:* Entstehungs*ort,* Entstehungsdatum bzw. -zeitraum.
   Anm. 1: *Bei Anwendung der allgemeinen Anmerkung zum* Entstehungs*vermerk ist die Reihenfolge:* Ort, Ort, Datum bzw. Zeitraum.
   Anm. 2: *Zur Zeichensetzung vgl.* § EZ 122,g.
2. Fehlende Angaben werden nach Möglichkeit erschlossen.
3. Korrigierende neue Angaben *werden von der Vorlage ohne Kenzeichnung übernommen. Frühere* [...] Angaben *bleiben unberücksichtigt.*
4. entfällt

Anm. 1: *Zur Angabe von* Enstehungs*vermerken bei mehr*teiligen *Werken vgl.* §§ EZ 147,6; EZ 166,1 und 2.
Anm. 2: *Zur Angabe des* Entstehungs*vermerks bei Hochschulschriften vgl. § 148.*
Anm. 3: entfällt

4.2.6.2.3.2 Entstehungs*ort* [...]

§ EZ 144

1. - 2. wie § 144,1 - 2
3. *Fehlt ein* Entstehungs*ort in der Vorlage, so wird er, sofern dazu kein besonderer Aufwand nötig ist, in der originalsprachigen, amtlichen Form ergänzt. Ist er nicht zu* erschließen, *so wird er durch die Formel «[S.l.]» (=sine loco) ersetzt. Fingierte oder falsche* Entstehungs*orte werden übernommen. Ist der richtige in der Vorlage genannt oder ohne besonderen Aufwand zu erschließen, wird er mit «[i. e.]» (=id est) zusätzlich angegeben.*
   Kann ein Entstehungsort nicht zweifelsfrei erschlossen werden, so wird der Grad der Sicherheit der Erschließung angegeben. Die Angabe zum Grad der Sicherheit steht stets vor der Angabe zum Entstehungsort. Eine zweifelhafte Erschließung wird durch «[?]», eine interpretatorisch nicht völlig gesicherte Erschließung durch «[verm.]», eine mit an Sicherheit grenzender Wahrscheinlichkeit bestimmte Ortsangabe durch «[wahrsch.]» angedeutet.
4. Werden in der Vorlage mehrere Orte angegeben, *so wird* im allgemeinen *nur der besonders hervorgehobene bzw. der erstgenannte* bzw. der

wichtigste *Ort angegeben. Die weggelassenen Orte werden durch «[u. a.]» angedeutet.*

5. entfällt

§§ 145 - 146 entfallen

4.2.6.2.3.4 Entstehungsdatum bzw. -zeitraum

§ EZ 147

1. Das Entstehungsdatum wird unabhängig von der Form der Vorlage in arabischen Ziffern in der Reihenfolge Jahr, Monat, Tag angegeben, wobei Jahr, Monat und Tag durch Punkt ohne nachfolgendes Spatium getrennt werden. Tag und Monat werden stets zweistellig angegeben.
   Anm. 1: Fehlen Jahr und/oder Monat, wird die jeweils fehlende Angabe durch «0000» bzw. «00» angedeutet, sofern diese nicht am Schluß steht und sie nicht erschlossen werden kann.
   Anm. 2: Enthält die Vorlage verbale Angaben zur Entstehungszeit (beispielsweise «Dezember», «Herbst», «Anfang»), so werden diese nach Möglichkeit entsprechend unserer Zeitrechnung mit arabischen Ziffern sinngemäß aufgelöst. Auf die Formulierung der Vorlage kann in einer Fußnote hingewiesen werden (vgl. § EZ 162,4a).
2. Erstreckt sich die Entstehung über einen Zeitraum, so wird das Datum des Beginns und das Datum des Endes des Entstehungszeitraums entsprechend den Bestimmungen von § EZ 147,1 angegeben. Zwischen diesen beiden Angaben wird ein Schrägstrich ohne nachfolgendes Spatium (/) gesetzt. Wiederholt sich in einem solchen Fall die Angabe zum Jahr bzw. die Angabe zum Jahr und zum Monat, so wird in der Zeitangabe zum Ende des Entstehungszeitraums die Angabe zum Jahr bzw. die Angabe zum Jahr und zum Monat weggelassen (z. B.: 1913.02.04/08).
   Anm.: Da sich die Angabe zu einem Entstehungszeitraum auf die gesamte Vorlage bezieht, kann ein dazwischen liegendes Entstehungsdatum eines ersten Titels bzw. eines beigefügten Werkes bzw. eines enthaltenen Werkes als Fußnote angeführt werden (vgl. § EZ 162,4a und 8,a).
3. Kann ein Entstehungsdatum nicht zweifelsfrei erschlossen werden, so wird der Grad der Sicherheit der Erschließung angegeben. Die Angabe zum Grad der Sicherheit steht stets vor der Angabe zum Entstehungsdatum. Eine zweifelhafte Datierung wird durch «[?]», eine interpretatorisch nicht völlig gesicherte Datierung durch «[verm.]», eine mit an Sicherheit grenzender Wahrscheinlichkeit bestimmte Datierung durch «[wahrsch.]» angedeutet (z. B.: [? 1919.02.24]).
4. Kann ein Entstehungsdatum nicht mit völliger Präzision erschlossen werden, so wird der Grad der Präzision der Erschließung angegeben. Die Angabe zum Grad der Präzision steht im allgemeinen vor der Angabe zum Entstehungsdatum und gegebenenfalls stets nach der Angabe zum Grad der Sicherheit.
   Ein Entstehungsdatum aus einem nicht genau feststellbaren Zeitraum

zwischen zwei Zeitangaben wird durch einen Bis-Strich ohne nachfolgendes Spatium (-) zwischen den zwei feststellbaren Zeitangaben angedeutet. Ein Entstehungsdatum aus einem nicht genau feststellbaren Zeitraum vor einer feststellbaren Zeitangabe wird durch «vor», ein Entstehungsdatum aus einem nicht genau feststellbaren Zeitraum nach einer feststellbaren Zeitangabe wird durch «nach», ein Entstehungsdatum aus einem nicht genau feststellbaren Zeitraum bis zu einer feststellbaren Zeitangabe wird durch «bis», ein Entstehungsdatum aus einem nicht genau feststellbaren Zeitraum, der nur wenig über eine feststellbare Zeitangabe zurück- oder hinausweist, durch «um» angedeutet (z. B.: [1911-1918]; [vor 1918.02.01]; [um 1915]; [verm. 1913.02.04/03.01]).[51]

5. [...] *Ein falsches* Entstehungsdatum in der Vorlage *wird mit «[i. e.]» berichtigt* (z. B.: 1697 [i. e. 1967]).
   Ein fragliches Entstehungsdatum *der Vorlage wird mit hinzugefügtem Fragezeichen übernommen,* sofern nicht ein richtiges Entstehungsdatum erschlossen wird [...] (z. B.: 1945[?]).
6. *In der Einheitsaufnahme für mehr*teilige *Werke* [...] *wird im* Entstehungsvermerk *des Gesamtwerkes auf die Angabe* des Entstehungsdatums *verzichtet.*

Anm.: *Zur Angabe* des Entstehungsdatums bzw. -zeitraums *der einzelnen Teile mehr*teiliger *Werke vgl.* §§ EZ 166,1 und 2 [...].

Anm.: Auf die Angabe eines Entstehungsdatums bzw. -zeitraums wird verzichtet, wenn eine entsprechende Information in der Einheitsaufnahme bereits gegeben ist (vgl. § EZ 524a).

§ 148

§ 149 entfällt

4.2.6.2.4 *Kollationsvermerk* bzw. *physische Beschreibung*

Anm.: Zu anderen Medien als Schriftstücken vgl. die jeweiligen Sonderregeln.

4.2.6.2.4.1 *Allgemeine Bestimmungen*

§ EZ 150[52]

1. *Die Interpunktion innerhalb des Kollationsvermerks* bzw. *der physischen Beschreibung richtet sich nach den Bestimmungen von* § EZ 122,ga,gb,h und i.
2. *In der Einheitsaufnahme für mehrteilige Vorlagen werden nur die spezifische* Bezeichnung *sowie diejenigen Bestandteile der physischen Beschreibung angegeben, die für alle Teile des Gesamtwerkes gelten.*
   Anm.: Zum Kollationsvermerk bzw. zur *physischen Beschreibung bei der Aufführung der einzelnen Teile mehrteiliger Vorlagen vgl.* §§ EZ 166,2; 170,1.

4.2.6.2.4.2 *Spezifische* Bezeichnung und *Umfang der Vorlage*[53]

§ EZ 151

1. *Die erste Angabe* des Kollationsvermerks bzw. *der physischen Beschreibung besteht aus der Anzahl der physischen Einheiten der Vorlage und der spezifischen* Bezeichnung, *die im Anschluß an die Zählung angegeben* wird.
   Anm.: Physische Einheiten können sein: Heft, Mappe, Akt, Faszikel, Brief, Postkarte, Ansichtskarte.
   Mehrere physische Einheiten (jeweils einschließlich der zugehörigen Angaben) werden durch Komma, Spatium (,) getrennt.
   Bei mehreren, hierarchisch aufeinander bezogenen Einheiten wird vor die hierarchisch jeweils niedrigere Einheit Doppelpunkt, Spatium (:) gesetzt (vgl. § EZ 122,ga).
2. Nach der Angabe zu Anzahl und Art der physischen Einheit wird der Umfang der Vorlage angegeben. Die Umfangsangabe wird in runde Klammern gesetzt.
   Anm. 1: Ergibt sich aus der Art der physischen Einheit sinngemäß der Umfang, wird auf die Umfangsangabe verzichtet.
   Anm. 2: Entfällt eine Angabe gemäß § EZ 151,1, so wird auf das Setzen von runden Klammern verzichtet.
   Liegt eine Zählung vor, wird die entsprechende *deutschsprachige Benennung (z. B. Seiten, Blätter, Doppelseiten, Spalten) und* [...] die *Zählung der Vorlage (z. B. arabische Ziffern, römische Ziffern, Großbuchstaben, Kleinbuchstaben) angegeben. Andere als arabische und römische Ziffern werden durch arabische Ziffern ersetzt. Buchstaben aus nichlateinischen Alphabeten werden gemäß Anlage 5 umgeschrieben.*
3. *Die Benennungen werden im allgemeinen im Anschluß an die Zählung geschrieben; die Zählung wird im allgemeinen der jeweils letzten bezifferten Seite, Doppelseite oder Spalte bzw. dem jeweils* letzten bezifferten Blatt entnommen. [...]
   Ist die [...] *Zahl auf der letzten bezifferten Seite* [usw.] *falsch* bzw. entspricht sie nicht dem Umfang der Vorlage, *so wird die richtige Zählung ohne Kennzeichnung angegeben.*
   Anm.: Sind in der Vorlage nur ein Teil der Seiten [usw.] gezählt, wird ebenfalls in diesem Sinne verfahren und nur eine richtige Zählung angegeben.
4. wie § 151,3
5. Sind bei vorliegender bzw. ermittelter Blattzählung die Blätter in einem außergewöhnlichen Grad nur einseitig beschrieben, kann auf die Zahl der beschriebenen Seiten in einer Fußnote verwiesen werden (vgl. § EZ 162,5).
6. *Mehrere vorliegende Zählungen werden im allgemeinen nacheinander, durch Komma getrennt, angegeben.*
   Beginnt jedoch eine Zählung mit römischen Ziffern und wird sie mit arabischen Ziffern fortgesetzt, so wird nur die Zählung der letzten bezifferten Seite angegeben und auf die Wiedergabe der römischen Zählung verzichtet.

Anm.: Bei losen Blättern wird getrennt gezählt und in einer Fußnote darauf hingewiesen (vgl. § EZ 162,5).

7. *Selbständig gezählte Blätter oder Seiten,* unabhängig davon, ob die Zählung vorliegt oder ermittelt ist, *die verstreut oder en bloc in der Vorlage enthalten sind, werden am Schluß angegeben, unabhängig davon, ob sie Text oder Illustrationen enthalten* [...].
   Anm.: *Zur Illustrationsangabe vgl. § 152.*
   [...]
8. wie § 151,8
9. Fehlt eine Zählung der Vorlage, so wird die Anzahl der Blätter ermittelt und in arabischen Ziffern angegeben. Bei fehlender Zählung und großem Umfang kann eine ungefähre Zählung angegeben werden (z. B.: [circa 200] Bl.).
   Anm.: Erfolgt die Zählung durch den Bearbeiter, so wird diese Zählung wie eine Zählung der Vorlage behandelt (vgl. § EZ 115).
10. entfällt

4.2.6.2.4.2a *Sonstige physische* [...] *Angaben*[54]

§ EZ 151a

Folgende sonstige physische [...] *Angaben werden* bei Schriftstücken *in der hier aufgeführten Reihenfolge gemacht:*

a) Schriftliche Fixierung (z. B.: eh., masch., Durchschlag)
   Anm.: Wurde eine eigenhändige Vorlage nicht vom Verfasser selbst niedergeschrieben, wird dies in einer Fußnote vermerkt (vgl. § EZ 162,5).
b) Unterschrift (z. B.: m. U.)
   Anm. 1: Fehlt eine Unterschrift, wird dies nicht eigens vermerkt.
   Anm. 2: Eine maschinenschriftliche Unterschrift wird nicht als Unterschrift im Sinne dieser Regelung betrachtet.

§ 152

4.2.6.2.4.4 *Angabe von Begleitmaterial*

§ EZ 153[55]

1. *Das Begleitmaterial (Beilagen, die nicht als Teil eines mehrteiligen Werkes aufzufassen sind) wird in kurzer Form angegeben, unabhängig davon,* ob es im betreffenden Teil oder im betreffenden Zeugen genannt ist oder nicht.
   Anm.: *Als Begleitmaterial gelten physisch getrennte Bestandteile einer* Vorlage, [...] *die ihr oder einzelnen Teilen beigegeben sind,* z. B. Korrespondenzstücken beigelegte Werke, Bildbeilagen, Kuverts, Schallplatten und dgl.
2. wie § 153,2

4.2.6.2.5 *Gesamttitelangabe*

§§ 154 - 156

4.2.6.2.6 *Fußnoten*

§ 157

4.2.6.2.6.2 *Angabe von Titeln in Fußnoten*

Anm.: Bei Bedarf kann unter Anwendung der Bestimmungen für die bibliographische Beschreibung zu einzelnen Titeln beigefügter und enthaltener Werke eine Bezeichnung des Werkzusammenhangs sowie ein Entstehungsdatum angegeben werden (vgl. §§ EZ 141,5; EZ 147,2,Anm.; EZ 162,4a und 8,a).

§ EZ 158

1. [...] *Titel von Begleitmaterial (vgl.* § EZ 162,5*), Titel beigefügter und enthaltener Werke (vgl.* § EZ 162,8,a*) und Titel von Zusammenfassungen (vgl.* § EZ 162,8,b*) werden im allgemeinen nach den Bestimmungen für die bibliographische Beschreibung angegeben (vgl. §§ 119 - 140).*
   Vor der Angabe eines weiteren Titels innerhalb derselben Fußnote steht Punkt, Spatium (.).
   Anm.: *Zur Angabe von Titeln fortlaufender Beilagen, die eine eigene Einheitsaufnahme erhalten, vgl.* § EZ 159,1.
2. *Auf die Angabe von Zusätzen zu Sachtiteln, von sonstigen beteiligten Personen und Körperschaften sowie Urhebern, die weder im Sachtitel genannt noch zu ihm zu ergänzen sind, wird dabei im allgemeinen verzichtet.*
   Anm.: Auf die Angabe von Gattungsbezeichnungen als Zusatz zum Sachtitel wird im allgemeinen nicht verzichtet (vgl. § EZ 134,8).
   Dagegen werden Urheber aufgeführt, die weder im Sachtitel genannt noch zu ihm zu ergänzen sind, von denen einer jedoch nach den Bestimmungen der §§ 656,1; 657,1; 658,1; 659,1 die Haupteintragung erhält.
3. *Die Verfasserangabe entfällt bei Titeln von beigefügten und enthaltenen Werken einer Sammlung* sowie *bei Titeln von Zusammenfassungen* [...].
4. wie § 158,4

§ EZ 159

1. - 2. wie § 159,1 - 2
3. *Bei Verfasser- und Urheberwerken wird der einzige oder nur der erste Verfasser bzw. Urheber mit Doppelpunkt, Spatium dem betreffenden Sachtitel vorangestellt.*

Anm.: Weitere Verfasser bzw. Urheber können – und dann einschließlich des ersten Verfassers bzw. ersten Urhebers – in der Verfasserangabe des Bezugswerkes [usw.] angeführt werden.

Bei Urheberwerken, die keine Eintragung haben bzw. erhalten, wird nur der Sachtitel angegeben, wenn der Urheber darin genannt ist.

§ 160

4.2.6.2.6.4 *Die einzelnen Fußnoten*

4.2.6.2.6.4.1 *Einheitssachtitel. Sammlungsvermerk*

§ EZ 161

1. *EINHEITSSACHTITEL (vgl. §§* EZ 504; EZ 505; *507 - 515;* EZ 516a; *517 - 520;* EZ 521; *523;* EZ 524a)

   Einheitssachtitel, die gemäß §§ EZ 504; EZ 505; *513 und 515 zu bestimmen sind, werden angegeben, sofern nicht unter bzw. mit ihnen die Haupteintragung gemacht wird. Das gilt für Einheitssachtitel* des *für die Haupteintragung maßgeblichen* Zeugen *eines Werkes,* des in der Sachtitel- und Verfasserangabe *genannten beigefügten Werkes sowie kommentierter Werke (vgl.* § EZ 708*).*

   Die Fußnoten werden eingeleitet durch «Einheitssacht.:» bzw. «Einheitssacht. d. beigef. Werkes:» bzw. «Einheitssacht. d. kommentierten Werkes:». Es folgt der Einheitssachtitel in der Ansetzungsform, gegebenenfalls mit einer [...] Ordnungshilfe (vgl. §§ EZ 516a; *517; 523 - 524;* EZ 524a).

   Anm. 1: *Zur Schreibung der Ordnungshilfe vgl.* § EZ 177,3.

   Anm. 2: Auf die Angabe der Ordnungshilfe(n) kann verzichtet werden, wenn sie bereits in der Einheitsaufnahme genannt ist (sind).

   Einheitssacht.: ...
   Einheitssacht.: ... ‹...›
   Einheitssacht. d. beigef. Werkes: ...
   Einheitssacht. d. kommentierten Werkes: ...

   Anm. 1: *Zur Angabe von Einheitssachtiteln der in Fußnoten anzuführenden beigefügten und enthaltenen Werke vgl.* § EZ 162,8,a.

   Anm. 2: *Bei Einheitssachtiteln, bei denen die ursprüngliche Form des zugrundeliegenden Sachtitels in der Einheitsaufnahme nicht ersichtlich ist, z. B. bei Formeln und formelhaften Bestandteilen von Wörtern (vgl. § 207), wird die ursprüngliche Form des Einheitssachtitels zusätzlich angegeben, eingeleitet durch «Ursprüngl. Form d. Einheitssacht.:».*

2. wie § 161,2

4.2.6.2.6.4.2 *Angaben zur detaillierten bibliographischen Beschreibung*

§ EZ 162

1. - 2. entfällt

2a. ANGABE VON ADRESSATEN
Von nicht in der Sachtitel- und Verfasserangabe genannten Adressaten können weitere, in der Ansetzungsform, gegebenenfalls mit einer Ordnungshilfe, angegeben werden. Die Angabe wird eingeleitet durch «Weitere Adressaten:» (alle vorliegenden Adressaten aufgeführt) bzw. «Weitere Adressaten u. a.:» (nicht alle vorliegenden Adressaten aufgeführt). Mehrere Adressaten werden durch Komma, Spatium (,) getrennt.
Anm. 1: Zur Angabe von Adressaten in der Sachtitel- und Verfasserangabe vgl. §§ EZ 126,4; EZ 136,2,e; EZ 137,2; EZ 630a.
Anm. 2: Zu Ordnungshilfen vgl. § EZ 524a.

3. *VERMERKE ZUR VERFASSERANGABE*

Verm. Verf.: . . . *Überlieferte(r) Verf.: . . .*	*vgl.* § EZ 136,1; *für Angaben von außerhalb der Vorlage*
. . . ist (sind) angebl. Verf. *. . . ist (sind) überlieferte(r) Verf.*	*vgl.* § EZ 137,3, Anm. 2; *für Namen, die in der Verfasserangabe genannt sind*
Richtiger Name d. 2. Verf. (d. Urhebers, [...] *usw., d. Körperschaft): . . .*	*vgl.* § EZ 137,4; *Berichtigung eines Personen- oder Körperschaftsnamens*
. . ist (sind) Initiale(n) d. Verf. . . . ist Vorname d. Verf.	vgl. § EZ 137,3
Auf d. Haupttitels. auch: . . . [. . .] Auf S. [usw.] . . . auch: . . .	*vgl.* §§ EZ 138,1; *Angabe eines scheinbar zusammengesetzten Namens*
. . . (Angabe des Teils) *hrsg. von . . .* *In . . .* (Angabe des Teils) *ist kein Hrsg. angegeben*	

4. *ANGABEN ZUR* BEZEICHNUNG DES WERKZUSAMMENHANGS

Fälschl. als . . . [...] bezeichnet	*vgl.* § EZ 141,3
Werkzusammenhang d. beigef. Werkes:	vgl. § EZ 141,5
[...]	

4a. *ANGABEN ZUM* ENTSTEHUNGS*VERMERK*

Entstehungsdatum d. beigef. Werkes	vgl. § EZ 147,2, Anm.

5. ANGABEN ZUM KOLLATIONSVERMERK BZW. *ZUR PHYSISCHEN BESCHREIBUNG*

. . . S. beschr.	vgl. § EZ 151,5
. . . Bl.: lose	vgl. § EZ 151,6, Anm.
Von der Hand von: . . .	vgl. § EZ 151a, a, Anm.

Zeitungsausschn. u.d.T.: . . .
Begleith. u.d.T.: . . .
Schallpl. u.d.T.: . . .
} *vgl.* § EZ 153,2; *für Begleitmaterial mit selbständigem Titel*

6. - 7. wie § 162,6 - 7

8. ANGABEN ZUM INHALT

a) *BEIGEFÜGTE UND ENTHALTENE WERKE*

Von Titeln nicht in der Sachtitel- und Verfasserangabe aufgeführter *beigefügter Werke* (vgl. § EZ 126,4) *wird* mindestens *einer angegeben* [...]. *Von Titeln enthaltener Werke werden* mindestens *zwei angegeben.*

Anm.: Ob bei beigefügten Werken mehr als eines bzw. bei enthaltenen Werken mehr als zwei angegeben werden, richtet sich nach deren jeweiliger Bedeutung für das jeweilige Literaturarchiv.

Die Angabe wird eingeleitet durch

Enth. außerdem: für das beigefügte Werk
Enth.: für die enthaltenen Werke

Weggelassene Titel werden durch einen zusätzlichen Vermerk angedeutet:

Enth. außerdem u. a.:
Enth. u. a.:

Ein Einheitssachtitel wird gegebenenfalls dem Titel des beigefügten bzw. enthaltenen Werkes in eckigen Klammern nachgestellt, ein Sammlungsvermerk nur dann, wenn mit ihm eine Nebeneintragung gemacht wird und gemäß § 179,Anm. auf die Angabe von NE-Vermerken verzichtet wird.

Anm. 1: *Zur Angabe von* in der Sachtitel- und Verfasserangabe *genannten beigefügten Werken vgl.* § EZ 126,4; *zur Angabe ihrer Einheitssachtitel vgl.* § EZ 161,1.

Anm. 2: Korrespondenzstücke werden analog den allgemeinen Bestimmungen angegeben (vgl. §§ EZ 630a; EZ 134,8,Anm.,b).

Eine Bezeichnung des Werkzusammenhangs und/oder ein Entstehungsdatum bzw. -zeitraum und/oder weitere Adressaten können unter Berücksichtigung der allgemeinen Bestimmungen zur Einheitsaufnahme angeführt werden (vgl. §§ EZ 141,5; EZ 147,2,Anm.; EZ 162,2a; allg. Anm. zu 4.2.6.2.6.2). Diese Angaben werden durch Komma, Spatium getrennt.

b) wie § 162,8,b

ba) DESKRIPTOREN[56]

Namen von Personen und Körperschaften, welche ein zentrales Thema eines Zeugen bzw. einer Ausgabe darstellen, werden in der Ansetzungsform angegeben, sofern ein Sachkatalog (vgl. Abschnitt 4.11.4) geführt wird. Die Angabe wird eingeleitet durch «Deskr.:».

9. wie § 162,9

10. *ANGABEN ÜBER* ENTSTEHUNGS*WEISE* UND ENTSTEHUNGS*DAUER*

Angaben dieser Art werden gemacht, wenn sie ohne besonderen Aufwand zu ermitteln sind.

Entstand unregelmäßig *Mehr nicht* entstanden . . . (Angabe des Teiles) *nicht* entstanden *Mehr nicht* kopiert Reinschr. abgebrochen	*vgl.* § EZ 174

4.2.6.2.6.4.3 *Hinweise auf andere* Teile, Zeugen bzw. *Ausgaben und Werke*

§ EZ 163

1. wie § 163,1
2. *HINWEISE AUF PARALLELE* ZEUGEN BZW. *AUSGABEN*
   *Abweichende Titel vorhandener Parallel*zeugen bzw. *-ausgaben werden jeweils auf den Einheitsaufnahmen der anderen* Zeugen bzw. *Ausgaben angegeben, wenn sie bei der Erstellung der Einheitsaufnahmen bekannt sind oder ihre nachträgliche Angabe möglich und zweckmäßig ist.*
   Anm.: *Zur Verknüpfung von Parallel*zeugen bzw. *-ausgaben durch Nebeneintragungen vgl.* § EZ 704,2.
   *Abweichende Titel nicht vorhandener Parallel*zeugen bzw. *-ausgaben, die ohne zusätzliche Ermittlungen bekannt sind, werden entsprechend behandelt.*
   Auch u.d.T.: . . .
   Engl. Zeuge *u.d.T.:* . . .

*Teil*zeuge *von:* . . . *Ausz. von:* . . .	*wenn für den Auszug bzw.* den Teilzeugen bzw. *die Teilausgabe ein eigener Einheitssachtitel bestimmt wird (vgl. § 513)*
Auch als: . . . *(Angabe eines Gesamtwerkes)* *Teilw. als:* . . . *(Angabe eines Gesamtwerkes)* *Vollst. als:* . . . *(Angabe eines Gesamtwerkes)* *Auch in:* . . . *(Angabe* eines fortlaufenden Sammelwerkes) *Teilw. in:* . . . *(Angabe* eines fortlaufenden Sammelwerkes)	*wenn auch als Teil eines Gesamtwerkes* entstanden

3. *HINWEISE AUF FRÜHERE BZW. SPÄTERE* ZEUGEN BZW. *AUSGABEN UND* TEILE, *AUF ANDERE WERKE MIT BEZUG AUF DAS VORLIEGENDE WERK, AUF FORTLAUFENDE BEILAGEN MIT EIGENER EINHEITSAUFNAHME BZW. AUF DIE ZUGEHÖRIGEN FORTLAUFENDEN SAMMELWERKE*

a) *BEI TITELÄNDERUNG*
*Die Fußnoten werden gemacht bei Titeländerungen in mehr*teiligen *Werken, unabhängig davon, ob unter jedem geänderten Titel eine eigene Einheitsaufnahme gemacht wird oder nicht.*
Sie werden ferner gemacht bei abweichenden Titeln in Zeugen bzw. *Ausgaben eines Werkes, für das kein Einheitssachtitel bestimmt wird, wenn diese bei der Erstellung der Aufnahme bekannt sind oder ihre nachträgliche Angabe möglich und zweckmäßig ist.* [...]
Anm.: *Zur Verknüpfung der* Zeugen bzw. *Ausgaben durch Nebeneintragungen vgl.* § EZ 704,2.

Früher u.d.T.: . . . . . . (Angabe des Teiles) u.d.T.: . . . *Später u.d.T.:* . . . *Teilw. u.d.T.:* . . .	*vgl. § 113,2 und 3; Titeländerungen in mehr*teiligen *Werken*
Früher u.d.T.: . . . Entw. u.d.T.: . . . Letzte Fassung u.d.T.: . . . Ausg. u.d.T.: . . . 1. Ausg. u.d.T.: . . . *Später u.d.T.:* . . . 1. autor. Ausg. u.d.T.: . . .	*vgl.* § EZ 109, Anm. 2; *abweichende Titel in Ausgaben* bzw. Zeugen *eines Werkes ohne Einheitssachtitel*

b) wie § 163,3,b

§§ 164 - 165 entfallen

4.2.6.2.8 *Aufführung der* Teile *(Bände)*

Anm.: Die Vorlage wird wie ein mehrteiliges Werk behandelt, wenn für die einzelnen Teile (physischen Einheiten) jeweils der gemeinsame Titel und eine Zählung oder Benennung des einzelnen Teiles überliefert ist.

4.2.6.2.8.1 *Allgemeine Bestimmungen*

§ EZ 166

1. *Die* Aufführung der *Teile als Bestandteil der Einheitsaufnahme für mehr*teilige *Werke enthält alle Angaben, die sich nur auf den jeweiligen* Teil *beziehen. Im Zweifelsfall werden Angaben als zum Gesamtwerk gehörend betrachtet.*
[...]
Anm.: *Zur Angabe voneinander abweichender Gesamttitel in den* Teilen *vgl.* § EZ 163,3.
2. wie § 166,2

3. *Bei der* Aufführung der Teile *wird auf die Angabe von Zusätzen zum Sachtitel verzichtet. Sie werden jedoch übernommen, wenn sie eine wesentliche Sachaussage enthalten oder für das Verständnis von Bedeutung sind.*

Anm.: *Auf die Aufführung* von Teilen *kann für einzelne Kataloge sowie in Nebeneintragungen auch verzichtet werden. Statt dessen wird auf den Katalog, der die Nachtragungen enthält, bzw. auf die Haupteintragung hingewiesen, z. B.:*

Bestand s. Alphabetischer Katalog
Bestand s. Nachlaßbestandskatalog
[...]
Bestand s. Sachkatalog
Bestand s. ...
Angabe des Ordnungsblocks bzw. der Ordnungsblöcke der Haupteintragung

§ 167

4.2.6.2.8.2 *Angabe der Teile*

§ EZ 168

1. wie § 168,1
2. wie § AV 168,2
3. *Eine in der Vorlage fehlende* Angabe des Teiles *wird nachträglich ergänzt.* Ist *sie in einem anderen* Teil des *Werkes genannt,* wird sie dementsprechend ergänzt. Ansonsten wird eine der Vorlage entsprechende Angabe fingiert.
4. wie § 168,4
5. *Die* Bezeichnung der Teile *wird in Form und Orthographie der Vorlage,* sofern sie dort genannt ist, *angegeben.* Sie wird aber unabhängig davon, ob sie in der Vorlage genannt oder fingiert ist, *mit großem Anfangsbuchstaben und abgekürzt angegeben (vgl. Anlage 4).* [...]
6. wie § AV 168,6
7. *Parallellaufende Zählungen werden durch Spatium, Gleichheitszeichen, Spatium (=) verbunden. Die Reihenfolge richtet sich im allgemeinen nach der Vorlage,* sofern diese entsprechende Zählungen enthält.
   Gehört zu einer Zählung *eine* Zeitangabe [...], *so wird* diese *nach Punkt, Spatium (.) angeschlossen.*
   Definiert diese Zeitangabe einen Zeitraum, so werden das Datum des Beginns und das Datum des Endes des Zeitraums entsprechend den Bestimmungen von § EZ 147,2 angegeben.
   Ein Entstehungsdatum bzw. -zeitraum, das bzw. der *in der* Aufführung der Teile *unmittelbar nach der* Zählung des Teiles *und/oder* einer Zeitangabe, die zur Zählung gehört, *anzugeben ist, wird nach einem* Spatium in runden Klammern angegeben.

Ist das Entstehungsdatum bzw. der Entstehungszeitraum mit der Zeitangabe, die zur Zählung gehört, *identisch, so wird auf die Angabe* des Entstehungsdatums bzw. -zeitraums *verzichtet.*
[...]

§§ 169 - 170

§§ 171 - 173 entfallen

4.2.6.2.8.8 *Abschlußaufnahmen*

§ EZ 174

Liegt ein mehrbändiges begrenztes Werk abgeschlossen vor oder ist es unvollendet geblieben oder wurde ein *fortlaufendes Sammelwerk* abgebrochen, *so wird in einer Fußnote auf den Sachverhalt hingewiesen (vgl.* § EZ 162,10).

4.2.7 *Die für die Einordnung notwendigen Angaben*

Anm.: wie Anm. zu 2.7

4.2.7.1 *Der Kopf der Einheitsaufnahme*

§§ 175 - 176

§ EZ 177

1. - 2. wie § 177,1 - 2
3. *Ordnungshilfen werden nach einem Spatium angegeben und in Winkelklammern gesetzt. Sind sie aus verschiedenen Bestandteilen zusammengesetzt, so werden diese innerhalb der Klammern durch Komma, Spatium getrennt, soweit nicht ausdrücklich andere Bestimmungen gelten (vgl. §§ 301ff.; 401ff.; 501ff.;* EZ 630a; *656,2; 658,2).*
4. wie § 177,4

4.2.7.2 *Nebeneintragungsvermerke*

Anm.: Statt «zweiter und dritter» (RAK-WB) Verfasser bzw. Urheber ist in den vorliegenden Regelungen unter Berücksichtigung von § EZ 601, Anm. 4 für alle Bestimmungen zu Haupt- und Nebeneintragungen «zweiter bis nter» Verfasser bzw. Urheber gebraucht bzw. sinngemäß zu ersetzen.

§ EZ 178

1. - 2. wie § 178,1 - 2
3. *Für Nebeneintragungen z. B. unter*
   a) - c) wie § 178,3,a - c
   d) Deskriptoren
   e) Entstehungsdatum bzw. -zeitraum bzw. Erscheinungsjahr
   wird der erste Ordnungsblock, gegebenenfalls mit Funktionsbezeichnung, ohne abschließende Satzzeichen angegeben (vgl. § EZ 185,2*).*
4. *Für Nebeneintragungen unter*
   a) - b) wie § 178,4,a - b
   c) Bearbeitungs- und Gliederungsnummern der Signaturen
   wird der Sachtitel bzw. die Bearbeitungs- und Gliederungsnummer *als einziger Ordnungsblock ohne abschließendes Satzzeichen angegeben (vgl.* § EZ 185,1*).*
5. - 7. wie § 178,5 - 7

§ 179

4.2.7.3 *Verweisungsvermerke*

§ 180

4.2.8 *Die Arten der Eintragungen*

4.2.8.1 *Haupt- und Nebeneintragungen*

§§ 181 - 182

4.2.8.1.3 *Nebeneintragungen*

§§ 183 - 184

§ EZ 185

1. *Einteilige Nebeneintragungen, die keinen zweiten Ordnungsblock haben, sind Nebeneintragungen unter*
   a) *einem Sachtitel,*
   b) einer Bearbeitungs- und Gliederungsnummer einer Signatur.
   Der *Sachtitel wird vollständig angegeben.*
   Es wird kein abschließendes Satzzeichen gesetzt.
   Anm.: wie § 185,1,Anm.
2. *Einteilige Nebeneintragungen, bei denen der erste Ordnungsblock der*

Haupteintragung zum zweiten Ordnungsblock der Nebeneintragung wird, sind z. B. Nebeneintragungen unter
a) - c) wie § 185,2,a - c
d) Deskriptoren
e) Entstehungsdaten bzw. -zeiträumen bzw. Erscheinungsjahren
Anm.: Vermerke zum Grad der Sicherheit und/oder zum Grad der Präzision werden weggelassen.

Dem Namen einer Person wird eine entsprechende Funktionsbezeichnung in eckigen Klammern hinzugefügt.
Anm.: *Folgende Funktionsbezeichnungen werden empfohlen: [Angebl. Verf.], [Mutmaßl. Verf.], [Bearb.], [Mitarb.],* [...] *[Begr.], [Ill.], [Übers.],* [...] [Adressat], [Abschr.]
Bei Bedarf können weitere Funktionsbezeichnungen verwendet werden.

Nach dem ersten Ordnungsblock, gegebenenfalls einschließlich einer Funktionsbezeichnung, wird kein abschließendes Satzzeichen gesetzt.

§ EZ 186

1. - 2. wie § 186,1 - 2
3. *Zweiteilige Nebeneintragungen, deren erster Ordnungsblock auch erster Ordnungsblock der Haupteintragung ist, deren zweiter Ordnungblock jedoch ein anderer als der zweite Ordnungsblock der Haupteintragung ist oder bei denen bei gleichbleibendem zweiten Ordnungsblock ein Sammlungsvermerk hinzugefügt wird, sind z. B. Nebeneintragungen mit dem Hauptsachtitel, Sammlungsvermerk,* Einheitssachtitel, Sachtitel des beigefügten bzw. enthaltenen Werkes.
4. - 5. wie § 186,4 - 5

4.2.8.2 *Verweisungen*

§§ 187 - 193

4.3 *Allgemeine Ansetzungsregeln*

§§ 201 - 208

4.4 *Ansetzung der Namen von Personen*[57]

§§ 301 - 342

4.5 *Ansetzung der Namen von Körperschaften*

§§ 401 - 486

4.6 *Ansetzung von Sachtiteln und Sammlungsvermerken sowie Bestimmung des Einheitssachtitels*

4.6.1 *Ansetzungsform des Sachtitels*

§§ 501 - 503

4.6.2 *Bestimmung des Einheitssachtitels*

§ EZ 504

1. *Um alle* Zeugen und/oder *Ausgaben eines Werkes* bzw. in bestimmten Fällen verschiedener Werke *mit unterschiedlichen Sachtiteln identifizieren und in bestimmten Fällen an einer Stelle im Katalog nachweisen zu können, wird im allgemeinen EIN* Sachtitel – in der Ansetzungsform – als Einheitssachttitel für das Werk bestimmt.
2. *Solche Einheitssachtitel werden bestimmt bei:*
   a) - g) wie § 504,2,a - g
   h) sonstigen Werken, die in mehreren Zeugen überliefert sind und/oder Ausgaben vorliegen,
   i) Korrespondenzstücken.
   Anm.: *Zur Verknüpfung verschiedener* Zeugen bzw. *Ausgaben eines Werkes, für das kein Einheitssachtitel bestimmt wird, durch Fußnoten vgl.* § EZ 163,3,a, *durch Nebeneintragungen vgl.* § EZ 704,2.

§ EZ 505

1. Bei Werken, die in mehreren Zeugen überliefert sind und/oder zu denen gegebenenfalls überdies Ausgaben vorliegen, wird im allgemeinen der Sachtitel der ersten autorisierten Veröffentlichung oder, wenn eine solche nicht vorliegt bzw. nicht bekannt ist bzw. nicht existiert, der Sachtitel der letzten repräsentativen Fassung oder, wenn diese nicht vorliegt bzw. nicht bekannt ist bzw. nicht existiert, jener der zeitlich letzten Fassung oder des zeitlich letzten Paralipomenons zum Einheitssachtitel bestimmt, unabhängig davon, ob es sich um Übersetzungen handelt oder nicht.
   Falls weder auf eine erste autorisierte Veröffentlichung noch auf eine letzte repräsentative Fassung noch auf eine sonstige Fassung bzw. ein sonstiges Paralipomenon zurückgegriffen werden kann, wird der Sachtitel eines am nächsten stehenden unautorisierten Zeugen bzw. einer am nächsten stehenden unautorisierten Ausgabe bzw. einer geeigneten posthumen Ausgabe zum Einheitssachtitel bestimmt.
2. *Ist jedoch* [...] *ein anderer Sachtitel* [...] *gebräuchlicher, so wird dieser zum Einheitssachtitel bestimmt.*

§ 506 entfällt

§ EZ 506a

Bei Korrespondenzstücken werden die gemäß § EZ 630a zu bildenden Formalsachtitel als Einheitssachtitel verwendet.

§ EZ 507

Sind jene unter § EZ 505 angeführten Zeugen bzw. Ausgaben *in der Originalsprache verloren gegangen und deren Sachtitel nicht bekannt, so wird der Sachtitel* desjenigen Zeugen bzw. *derjenigen Ausgabe (gegebenenfalls auch der einer Übersetzung),* der bzw. *die das Ansehen* eines Originalzeugen bzw. *einer Originalausgabe erlangt hat, zum Einheitssachtitel bestimmt* – unter Berücksichtigung der unter § EZ 505,1 angeführten Reihenfolge.

§§ 508 - 515

4.6.3 *Ansetzung von Sammlungsvermerken*

§ 516

4.6.4 *Ordnungshilfen bei Sachtiteln und Sammlungsvermerken*

4.6.4.1 *Ordnungshilfen bei* verschiedenen Zeugen *eines Werkes*

§ EZ 516a

Zur Unterscheidung verschiedener Zeugen eines Werkes in einer Sprache mit unterschiedlichem Werkzusammenhang werden dem Einheitssachtitel ein Entstehungsdatum bzw. -zeitraum sowie eine Bezeichnung des Werkzusammenhangs der Vorlage, durch Komma, Spatium getrennt, als weitere Bestandteile der Ordnungshilfe hinzugefügt, sofern eine solche Bezeichnung vorliegt bzw. erschlossen werden kann.

Anm. 1: Bei Übersetzungen wird auf die Bezeichnung «Übers.» verzichtet.

Anm. 2: Zur Sprachbezeichnung als Ordnungshilfe vgl. §§ 517 - 520.

§§ 517 - 520

§ EZ 521

Hat der Einheitssachtitel schon eine und gegebenenfalls eine weitere *Ordnungshilfe am Ende des Ordnungsblocks (vgl. §§* EZ 516a; *523;* EZ 524a*), so wird die Sprachbezeichnung, durch Komma, Spatium getrennt, weiterer Bestandteil dieser Ordnungshilfe.*

§ 522

4.6.4.2 *Ordnungshilfen bei verschiedenen Werken*

§§ 523 - 524

§ EZ 524a

Zur Unterscheidung verschiedener Korrespondenzstücke des gleichen Verfassers an den gleichen Adressaten wird dem Einheitssachtitel (Formalsachtitel) ein Entstehungsdatum bzw. -zeitraum als Ordnungshilfe hinzugefügt.

4.6.5. *Ansetzung von Report-, Normnummern und dgl.*

§ 525 entfällt

4.7 *Haupt- und Nebeneintragungen unter Personen, Körperschaften und Sachtiteln*

4.7.1 *Haupt- und Nebeneintragungen unter Personen*

4.7.1.1 *Grundregeln*

4.7.1.1.1 *Haupteintragung unter einem Verfasser*

§ EZ 601

1. *Ein Werk eines Verfassers erhält im allgemeinen die Haupteintragung unter dem Verfasser.*
2. *Ein gemeinschaftliches Werk von zwei* bis n *Verfassern erhält im allgemeinen die Haupteintragung unter dem besonders hervorgehobenen bzw. dem zuerst genannten* bzw. dem wichtigsten *Verfasser.*
3. *Ein gemeinschaftliches Werk von mehr als* n *Verfassern wird wie ein anonymes Werk behandelt.*

Anm. 1 - 3 wie § 601,Anm.1 - 3

Anm. 4: Je nach der Bedeutung der jeweiligen Verfasser für das jeweilige Literaturarchiv kann auch ein Werk von mehr als drei Verfassern (vgl. RAK-WB) als Verfasserwerk behandelt werden. Statt «zwei oder drei» ist in den hier vorliegenden Regelungen sinngemäß «zwei bis n» und statt «mehr als drei» «mehr als n» gebraucht bzw. zu ersetzen, wobei «n» die obere Grenze der Anzahl der Verfasser bedeutet, bis zu der ein Werk nicht als anonymes Werk zu behandeln ist.

Anm. 5: Die Formulierung «besonders hervorgehobener bzw. zuerst genannter» (RAK-WB) ist in den hier vorliegenden Regelungen durch «besonders hervorgehobener bzw. zuerst genannter bzw. wichtigster» ersetzt bzw. sinngemäß zu ersetzen.

§§ 602 - 603

4.7.1.2 *Sonderregeln*

§ 604 entfällt

§§ 605 - 620

4.7.1.2.4 *Sammlungen*

§ EZ 621

1. wie § 621,1
2. *Hat die Sammlung einen übergeordneten Sachtitel, so wird die Haupteintragung mit diesem als Hauptsachtitel gemacht.*
   Je nach der Bedeutung der jeweiligen enthaltenen Werke für das jeweilige Literaturarchiv können Nebeneintragungen mit den Sachtiteln der enthaltenen Werke gemacht werden.
3. *Hat die Sammlung keinen übergeordneten Sachtitel, so wird die Haupteintragung mit dem Sachtitel des besonders hervorgehobenen bzw. zuerst genannten* bzw. wichtigsten *Werkes als Hauptsachtitel gemacht.*
   Je nach der Bedeutung der jeweiligen beigefügten Werke für das jeweilige Literaturarchiv können Nebeneintragungen mit den Sachtiteln der beigefügten Werke gemacht werden.
   Anm.: Zum Begriff «wichtigsten» vgl. § EZ 31,2.

Anm.: *Zur Angabe der Sachtitel der enthaltenen und beigefügten Werke in der Einheitsaufnahme vgl.* §§ EZ 126,4; EZ 162,8,a.

§ 622

4.7.1.2.5 *Sammelwerke*

4.7.1.2.5.1 *Begrenzte Sammelwerke*

4.7.1.2.5.1.1 *Begrenzte Sammelwerke ohne übergeordneten Titel*

§ EZ 623

Ein begrenztes Sammelwerk ohne übergeordneten Titel erhält die Haupteintragung unter dem Titel des besonders hervorgehobenen bzw. zuerst genannten bzw. wichtigsten *Werkes.*
Erhält der Titel des besonders hervorgehobenen Werkes die Haupteintragung, so wird unter dem Titel des ersten Werkes und/oder dem Titel des wichtigsten Werkes *eine Nebeneintragung gemacht; andernfalls wird unter dem Titel des ersten beigefügten Werkes eine Nebeneintragung gemacht.*
Je nach der Bedeutung der weiteren beigefügten Werke für das jeweilige Literaturarchiv können Nebeneintragungen unter den Titeln weiterer beigefügter Werke gemacht werden.

Anm. 1: Zum Begriff «wichtigsten» vgl. § EZ 31,2.
Anm. 2: *Zur Angabe der Titel der beigefügten Werke in der Einheitsaufnahme vgl.* §§ EZ 126,4; EZ 162,8,a.

4.7.1.2.5.1.2 *Begrenzte Sammelwerke mit übergeordnetem Titel*

§ EZ 624

1. wie § 624,1
2. *Sind* in der Vorlage
   a) *zwei* bis n *Verfasser ohne Angabe der Titel ihrer Werke genannt, so werden unter ihnen Nebeneintragungen gemacht;*
   b) *mehr* als n *Verfasser genannt, so wird unter dem besonders hervorgehobenen bzw. zuerst genannten* bzw. wichtigsten *eine Nebeneintragung* gemacht.
3. *Unter den Titeln der beiden ersten enthaltenen Werke werden Nebeneintragungen gemacht.*
   Je nach der Bedeutung der jeweiligen enthaltenen Werke für das jeweilige Literaturarchiv können Nebeneintragungen unter den Titeln weiterer enthaltener Werke gemacht werden.
   Anm.: *Zur Angabe der Titel der enthaltenen Werke in der Einheitsaufnahme vgl.* § EZ 162,8,a.

§§ 625 - 627

4.7.1.2.5.2 *Fortlaufende Sammelwerke*

§ EZ 628

1. *Ein fortlaufendes Sammelwerk* [...] *wird wie ein anonymes Werk behandelt, und zwar auch dann, wenn alle Teile das Werk von ein bis* n *Verfassern sind.*

[...]

2. *Sind alle Teile des fortlaufenden Sammelwerkes ein Werk von eins bis* n *Verfassern, so werden unter ihnen Nebeneintragungen gemacht.*
   Ist das fortlaufende Sammelwerk ein Urheberwerk, so werden die Nebeneintragungen als zweiteilige Nebeneintragungen gemacht.

[...]

Anm.: *Zur Behandlung von einzelnen* Teilen eines fortlaufenden Sammelwerkes, *die sowohl für das Gesamtwerk als auch für den Teil einen Titel haben, vgl.* §§ EZ 110; *111,6; 112,5.*

§ 629 entfällt

4.7.1.3 *Nebeneintragungen unter nicht an einem Werk oder* einem seiner Zeugen *beteiligten Personen*

§ EZ 630

1. wie § 630,1
2. entfällt

§ EZ 630a

1. Ein Korrespondenzstück erhält die Haupteintragung unter dem besonders hervorgehobenen bzw. zuerst genannten bzw. wichtigsten Verfasser bzw. Urheber.
2. Für die weitere Ordnung wird ein Formalsachtitel gebildet, der aus dem Namen des (besonders hervorgehobenen bzw. zuerst genannten bzw. wichtigsten) Adressaten in der Ansetzungsform besteht; es wird ungeachtet der Form der Vorlage auf das Setzen von eckigen Klammern verzichtet. Das Entstehungsdatum bzw. der Entstehungszeitraum wird gegebenenfalls als Ordnungshilfe hinzugefügt. Ein fehlender Sachtitel wird nicht ergänzt.
3. Sind in der Vorlage ein bis n Adressaten überliefert, so werden zweiteilige Nebeneintragungen mit dem Namen in der Ansetzungsform, gegebenenfalls mit einer Ordnungshilfe, unter dem Verfasser gemacht (vgl. § EZ 186,3). Sie werden gemäß § EZ 136,1,b in der Verfasserangabe angeführt.
   Anm.: Zur Angabe von Adressaten in der Verfasserangabe vgl. §§ EZ 136,2,e; EZ 137,2.
4. Weitere Adressaten können entsprechend ihrer jeweiligen Bedeutung für das jeweilige Literaturarchiv in einer Fußnote angeführt werden (vgl. § EZ 162,2a). Sie werden in der Verfasserangabe durch drei Punkte angedeutet.
5. Unter den in der Verfasserangabe genannten Adressaten werden Nebeneintragungen mit der Funktionsbezeichnung «[Adressat]» gemacht.
6. Unter einem Sachtitel wird gegebenenfalls eine Nebeneintragung gemacht.

Anm. 1: Zur Gattungsbezeichnung «Korrespondenzstück» als Zusatz zum Sachtitel vgl. § EZ 134,8,Anm.
Anm. 2: Zu Korrespondenzstücken als beigefügte bzw. enthaltene Werke vgl. §§ EZ 126,4; EZ 162,8,a.

4.7.2 *Haupt- und Nebeneintragungen unter Körperschaften*

4.7.2.1 *Grundregeln*

§ 631

4.7.2.1.2 *Urheberschaft*

4.7.2.1.2.1 *Als Urheber geltende Körperschaften*

§ EZ 632

1. *Eine Körperschaft, die – allein oder gemeinschaftlich mit anderen Körperschaften – ein anonymes Werk oder Teile eines solchen Werkes*
erarbeitet
oder
veranlaßt UND betreut bzw. zur Herausgabe vorbereitet hat,
gilt als dessen Urheber.
Anm. 1: *Zur Definition eines anonymen Werkes vgl.* § EZ 17.
Anm. 2: Statt «veranlaßt *und* herausgegeben» (RAK-WB) ist in den vorliegenden Regelungen «veranlaßt *und* betreut bzw. zur Herausgabe vorbereitet» gebraucht bzw. sinngemäß anzuwenden.
2. *Der Sachverhalt «erarbeitet» bzw. «veranlaßt UND* betreut bzw. zur Herausgabe vorbereitet» *wird unabhängig von den Formulierungen der Vorlage bestimmt.*
[...]
3. *Eine Körperschaft, die als Erarbeiter oder als Veranlasser UND* Betreuer bzw. Vorbereiter einer Ausgabe *eines anonymen Werkes genannt ist, gilt auch dann als dessen Urheber, wenn sie ihren Namen geändert oder zu bestehen aufgehört hat.*
4. - 5. wie § 632,4 - 5

§§ 633 - 638

4.7.2.1.3 *Haupt- und Nebeneintragungen*

§§ 639 - 647

4.7.2.1.3.5 *Nebeneintragungen unter nicht an einem Werk oder* einem seiner Zeugen *beteiligten Körperschaften*

§ EZ 648

1. - 2. wie § 648,1 - 2
3. Körperschaften als Adressaten werden wie Personen als Adressaten behandelt (vgl. § EZ 630a).

§§ 649 - 694

4.7.3 *Haupt- und Nebeneintragungen bei Reports, Normen und dgl.*

§ 695 entfällt

4.7.4 *Haupt- und Nebeneintragungen unter Sachtiteln*

§ 696

4.7.5 Nebeneintragungen unter Entstehungsdaten bzw. -zeiträumen bzw. Erscheinungsjahren

§ EZ 697

1. Jeder Zeuge erhält eine Nebeneintragung unter dem Entstehungsdatum bzw. -zeitraum, sofern diese Angaben in der Einheitsaufnahme vermerkt sind. Enthält die Einheitsaufnahme mehrere Zeitangaben, so werden unter allen weiteren Zeitangaben gleichfalls Nebeneintragungen gemacht.
2. Werden in einer Institution sowohl Zeugen als auch Ausgaben katalogisiert, so werden bei Ausgaben unter Erscheinungsjahren ebenfalls Nebeneintragungen gemacht.

4.7.6 Nebeneintragungen unter Deskriptoren

§ EZ 698

1. Jeder Zeuge erhält eine Nebeneintragung unter den gemäß § EZ 168,8,ba bestimmten Deskriptoren.
2. Werden in einer Institution sowohl Zeugen als auch Ausgaben katalogisiert, so werden bei Ausgaben ebenfalls Nebeneintragungen unter Deskriptoren gemacht.

4.7.7 Nebeneintragungen unter Bearbeitungs- und Gliederungsnummern der Signaturen

§ EZ 699

Jeder Zeuge und jede Ausgabe erhalten eine Nebeneintragung unter der Bearbeitungs- und Gliederungsnummer der Signatur, sofern die entsprechenden Provenienzzusammenhänge erschlossen wurden.[58]

4.8 *Bestimmung des Sachtitels oder des Titels für Haupt- und Nebeneintragungen*

4.8.1 *Grundregeln*

4.8.1.1 *Haupteintragung*

§ EZ 701

1. - 3. wie § 701,1 - 3
4. Korrespondenzstücke erhalten die Haupteintragung mit dem gemäß §§ EZ 630a und EZ 648,3 zu bildenden Formalsachtitel als Einheitssachtitel.

4.8.1.2 *Nebeneintragungen*

§§ 702 - 703

4.8.2 *Verschiedene Titel für denselben Inhalt* eines Zeugen bzw. *einer Ausgabe (Hauptsachtitel – Einheitssachtitel. Paralleltitel. Nebentitel)*

§ EZ 704

1. *Wird die Haupteintragung* mit bzw. *unter dem Hauptsachtitel gemacht und ein Einheitssachtitel bestimmt, so wird* mit bzw. *unter diesem eine Nebeneintragung gemacht.*
   Anm.: Diese Bestimmung gilt nicht nur für Zeugen, sondern auch für Ausgaben, sofern in einer Institution sowohl Zeugen als auch Ausgaben katalogisiert werden.
2. *Wird die Haupteintragung unter bzw. mit dem Hauptsachtitel gemacht und kein Einheitssachtitel zur Verwendung für Eintragungen bzw. zur Identifizierung von* Zeugen bzw. *Ausgaben eines Werkes mit unterschiedlichen*

Sachtiteln bestimmt, so wird mit bzw. *unter dem abweichenden Titel* eines anderen Zeugen bzw. *einer anderen Ausgabe eine Nebeneintragung gemacht, wenn die nachträgliche Angabe einer Fußnote gemäß* § EZ 163,3,a *unmöglich oder unzweckmäßig ist.*
[...]
3. wie § 704,3
Anm.: entfällt

§§ 705 - 707

4.8.3 *Verschiedene Titel für unterschiedlichen Inhalt in* einem Zeugen. *Titel von Werken mit Bezug auf das vorliegende Werk*

4.8.3.1 *Enthaltene und beigefügte Werke. Werke mit Bezug auf das vorliegende Werk*

§ EZ 708

Unter den Titeln enthaltener und beigefügter Werke (vgl. §§ EZ 623; EZ 624*), sowie kommentierter Werke, die im Kommentar enthalten sind (vgl. § 616), werden folgende Nebeneintragungen gemacht:*

a) *bei Verfasser- und Urheberwerken unter ein bis* n *Verfassern, ein bis* n *im Sachtitel enthaltenen bzw. zu ihm zu ergänzenden Urhebern – ausgenommen Verfassungen und Verträge von Gebietskörperschaften – mit dem vorliegenden Sachtitel in der Ansetzungsform* und mit dem Einheitssachtitel bzw. bei Korrespondenzstücken gemäß §§ EZ 630a und EZ 648,3 mit dem Namen des Adressaten in der Ansetzungsform.
b) - d) wie § 708,b - d

4.8.3.2 *Begleitmaterial*

§ EZ 709

Unter selbständig zitierbaren Titeln von Begleitmaterial (vgl. § EZ 153*) wird jeweils nur eine Nebeneintragung unter bzw. mit dem vorliegenden Sachtitel in der Ansetzungsform* bzw. bei Korrespondenzstücken mit dem Namen des Adressaten in der Ansetzungsform *gemacht.*

§§ 710 - 711

4.8.4 *Verschiedene Titel in verschiedenen* Teilen eines Zeugen

§§ 712 - 713

4.8.5 *Verschiedene Formen des Sachtitels*

§§ 714 - 715

4.9 *Ordnung der Eintragungen*

4.9.1 *Geltungsbereich*

§ 801

4.9.2 *Ordnungseinheiten*

§§ 802 - 805

4.9.2.5 *Ordnungsgruppen*

§ EZ 806

1. *Eine Ordnungsgruppe (OG) besteht aus einem oder mehreren Ordnungswörtern und/oder einer oder mehreren Zahlen.*
   a) - c) wie § 806,1,a - c
   d) Ein Entstehungsdatum bzw. ein Erscheinungsjahr bildet eine Ordnungsgruppe. Bei Entstehungszeiträumen bildet das Datum des Endes eines Entstehungszeitraums eine weitere Ordnungsgruppe.
   e) Bearbeitungs- und Gliederungsnummern der Signaturen bilden EINE Ordnungsgruppe.
2. wie § 806,2

4.9.2.6 *Ordnungshilfen*

§ EZ 807

Ordnungshilfen (OH) sind Zusätze zur Unterscheidung übereinstimmender Ordnungsgruppen, z. B.:
a) - b) wie § 807,a - b
c) *bei Sachtiteln: Sprachbezeichnungen,* Entstehungs*orte, Zeitangaben,* Bezeichnungen des Werkzusammenhangs *(vgl. §§ 501ff.;* EZ 630a; *656,2; 658,2).*

Anm. 1 - 2 wie § 807,Anm.1 - 2

4.9.2.7 *Ordnungsblöcke*

§ EZ 808

Ein Ordnungsblock (OB) besteht aus einer oder mehreren Ordnungsgruppen einschließlich der zu ihnen gehörenden Ordnungshilfen. Es gibt folgende Arten von Ordnungsblöcken:
a) - c) wie § 808,a - c
d) Entstehungsdaten bzw. -zeiträume bzw. Erscheinungsjahre,
e) Bearbeitungs- und Gliederungsnummern der Signaturen.
Anm. 1 - 2 wie § 808, Anm.1 - 2

4.9.3 *Ordnungsregeln*

§§ 809 - 813

4.9.3.2 *Ordnung von Eintragungen nach* Entstehungsdatum bzw. -zeitraum bzw. *Erscheinungsjahr,* Bezeichnung des Werkzusammenhangs, Entstehungs*ort* [...] *und weiteren Elementen*

Anm.: In Literaturarchiven gelten diese Bestimmungen sowohl für Zeugen als auch für Ausgaben.

§ EZ 814

1. *Bei Übereinstimmung aller für die Ordnung zu berücksichtigenden Ordnungsblöcke werden Haupt- und Nebeneintragungen nach* dem Entstehungsdatum bzw. -zeitraum bzw. *Erscheinungsjahr geordnet. Verweisungen anstelle von Nebeneintragungen sowie Eintragungen für mehr*teilige *Werke* [...] *gehen den Eintragungen mit* Enstehungsdaten bzw. -zeiträumen bzw. *Erscheinungsjahren voran.*
   Anm.: *Bei Verweisungen anstelle von Nebeneintragungen werden keine* Entstehungsdaten bzw. -zeiträume bzw. *Erscheinungsjahre angegeben (vgl.* § 190,Anm.).
2. *Bei Eintragungen, bei denen im* Entstehungs*vermerk* mehrere gültige Entstehungsdaten bzw. ein Entstehungszeitraum bzw. *mehrere gültige Erscheinungsjahre angegeben sind, wird nur das früheste* Erscheinungsdatum bzw. Erscheinungsjahr bzw. der Beginn des Entstehungszeitraums *berücksichtigt.* Bei Übereinstimmung von Entstehungsdaten bzw. Erscheinungsjahren mit den Daten zum Beginn eines Entstehungszeitraums gehen die Eintragungen mit Entstehungsdaten bzw. Erscheinungsjahren voran.
3. wie § 814,3

Anm.: entfällt

§ EZ 814a

Bei Übereinstimmung der Entstehungsdaten und/oder Erscheinungsjahre und/oder der Daten zum Beginn von Entstehungszeiträumen bzw. bei fehlenden Angaben zu Entstehungsdaten bzw. -zeiträumen bzw. Erscheinungsjahren werden Haupt- und Nebeneintragungen alphabetisch nach der Bezeichnung des Werkzusammenhangs bzw. der Ausgabebezeichnung geordnet, wobei die Bezeichnung «[EZ]» für die Ordnung übergangen wird.

§ EZ 815

1. *Bei Übereinstimmung* der Bezeichnungen des Werkzusammenhangs bzw. der Ausgabebezeichnungen bzw. bei fehlenden Bezeichnungen des Werkzusammenhangs bzw. Ausgabebezeichnungen *werden Haupt- und Nebeneintragungen alphabetisch nach dem (erstgenannten)* Entstehungsort bzw. *Erscheinungsort geordnet, und zwar bei mehr*teiligen *Werken* [...] *nur unter Berücksichtigung der beim Gesamtwerk gemachten Angaben. Verweisungen anstelle von Nebeneintragungen sowie Eintragungen, in denen (beim Gesamtwerk) keine* Entstehungsorte bzw. *Erscheinungsorte angegeben sind, gehen den Eintragungen mit* Entstehungsorten bzw. *Erscheinungsorten voran.*
   Anm.: *Bei Verweisungen anstelle von Nebeneintragungen werden keine* Entstehungsorte bzw. *Erscheinungsorte angegeben (vgl. § 190,Anm.).*
2. wie § 815,2
3. entfällt

§ EZ 816

1. entfällt
2. *Bei Übereinstimmung* der Entstehungsorte bzw. der Erscheinungsorte bzw. bei fehlender Angabe des Entstehungsortes bzw. des Erscheinungsortes *werden die Eintragungen sinnvoll nach weiteren Elementen der Eintragung geordnet, und zwar bei mehr*teiligen *Werken* [...] *nur unter Berücksichtigung der beim Gesamtwerk gemachten Angaben.*
   Anm.: [...] *Verschiedensprachige* Zeugen bzw. *Ausgaben werden* beispielsweise *nach dem Alphabet der Sprachen geordnet.*
3. - 4. wie § 816,3 - 4

§§ 817 - 823

4.10 Angaben außerhalb der bibliographischen Beschreibung

Im Anschluß an die bibliographische Beschreibung und gegebenenfalls nach Nebeneintragungs- und Verweisungsvermerken wurden im Verlauf der bisherigen Bearbeitung der Archivalien auf den Erfassungsformularen Angaben gemacht, die sich aus der Verwaltungs- und Erschließungstätigkeit

ergeben: Verwaltungs- und Erschließungsvermerke, Inventarnummer(n), Signatur und Nachlaßvermerk und erforderlichenfalls die Sigle der Institution.
Verwaltungs- und Erschließungsvermerke werden, sofern dies in einzelnen Fällen nicht ausdrücklich ausgeschlossen wird, im Anschluß an die Einheitsaufnahme auf Katalogkarten übertragen. Verwaltungsvermerke und Erschließungsvermerke beginnen jeweils auf neuer Zeile. Vor jeder weiteren Angabe im jeweiligen Vermerk steht Punkt, Spatium, Gedankenstrich, Spatium (. –). Es gelten die RAK-Bestimmungen zu Abkürzungen (vgl. § 125).

Verwaltungsvermerke können u. a. sein:

a. Benutzungsbeschränkungen (vgl. Abschnitt 2.4),
b. Hinweis bei Mehrfachexemplaren,
c. Hinweis auf weitere Inventarnummern zu einer Signatur (vgl. Abschnitt 3.5),
d. weitere Siglen bzw. Signaturen (vgl. Abschnitt 3.5),
e. Anzahl der erforderlichen Vervielfältigungen der Einheitsaufnahme (bei Kartenkatalogen),
f. Restaurationserfordernisse (vgl. Abschnitt 2.4),
g. Spezifizierungen zum Titelblatt eines Nachlasses (Reihe A, vgl. Abschnitt 2.5),
h. Hinweise bei Ergänzungsbänden (vgl. Abschnitt 3.5).

Die Verwaltungsvermerke (e) bis (h) werden zwar ebenfalls im Erfassungsformular festgehalten, sie werden jedoch nicht beim Herstellen von Katalogkarten auf diese übertragen.

Erschließungsvermerke können sein:

a. Angaben zur Befundordnung (vgl. Abschnitt 2.4),
b. Konvolutvermerk (vgl. Abschnitt 3.5),
c. Vermerk bei unvollständiger bibliographischer Beschreibung (vgl. Abschnitt 4.2.5.1, § EZ 114,Anm.).

Diese Vermerke werden zur Gänze auf Katalogkarten übertragen.

Die Angaben zu *Inventarnummer* und *Signatur* – im Erfassungsformular in der ersten Zeile eingetragen – werden gleichfalls auf der Katalogkarte vermerkt. Diese Eintragung erfolgt am rechten oberen Eck der Katalogkarte, wobei die Signatur unter der Inventarnummer zu stehen kommt. Erstreckt sich der Text der Titelaufnahme über mehr als eine Karte, so steht die Ziffer «1» (für die Grundkarte) unterhalb der Signatur (vgl. Abschnitt 4.2.2, § 105). Der Text der Einheitsaufnahme beginnt erst in der Zeile nach der Signatur bzw. der Grundkarten-Nummer.
Der *Nachlaßvermerk* wird gleichfalls auf die Katalogkarte übertragen. Er beginnt dort – auf gleicher Höhe mit der Inventarnummer – am linken

Rand. Er besteht aus dem einleitenden Begriff «Nachl.:» und dem Namen des Nachlassers in der Ansetzungsform.
Auf Katalogkarten, die außerhalb der jeweiligen Institution Verwendung finden sollen, wird oberhalb des Nachlaßvermerks eine Sigle der das Archivale verwahrenden Institution angebracht.

4.11 Katalogtypen

Jeder Katalogtypus ordnet die Archivalien eines Literaturarchivs nach einem bestimmten primären Gesichtspunkt und macht sie für den Benutzer zuerst unter diesem Gesichtspunkt zugänglich. Dadurch ist es möglich, den im Vorwort zu diesen Richtlinien erläuterten primären Benutzerwünschen zu entsprechen. Um dabei dem Benutzer vermehrte Sucharbeit zu ersparen, werden Zeugen und Ausgaben in den jeweiligen Katalogtypen ineinander gereiht.
Alle Katalogkarten aller Katalogtypen basieren auf der Einheitsaufnahme zu einem Zeugen bzw. einer Ausgabe. Die einzelnen Kataloge unterscheiden sich lediglich durch die Angaben, unter denen Nebeneintragungen gemacht werden. Nur der alphabetische Katalog ist da insofern eine Ausnahme, als hier zum einen auch die Haupteintragungen versammelt werden, zum anderen alle jene Nebeneintragungen *nicht* aufgenommen werden, unter denen in den anderen Katalogtypen primär geordnet wird.
Für alle Katalogtypen gelten die unter 4.9 erläuterten Ordnungsregeln.

4.11.1 Der alphabetische Katalog

Die entsprechenden Regelungen finden sich bereits in den Abschnitten 4.2.1, 4.2.2 und 4.9.

4.11.2 Der Korrespondenzempfängerkatalog

Der Korrespondenzempfängerkatalog hat zunächst die Aufgabe nachzuweisen, ob ein bestimmter Zeuge bzw. eine bestimmte Ausgabe eines bzw. mehrerer Korrespondenzstücke an eine bestimmte Person bzw. Körperschaft vorhanden ist. Er hat ferner die Aufgabe nachzuweisen, welche Korrespondenzstücke an eine bestimmte Person bzw. Körperschaft vorhanden sind.
Es werden alle Nebeneintragungen unter Adressaten (vgl. Abschnitt 4.7.1.3, § EZ 630a,5 sowie Abschnitt 4.2.8.1.3, § EZ 185,2) hier vereinigt.

4.11.3 Der chronologische Katalog

Der chronologische Katalog hat zunächst die Aufgabe nachzuweisen, ob zu einem bestimmten Entstehungsdatum bzw. -zeitraum und/oder Erscheinungsjahr Zeugen und/oder Ausgaben vorhanden sind. Er hat ferner die Aufgabe nachzuweisen, welche Zeugen und/oder Ausgaben zu einem bestimmten Entstehungsdatum bzw. -zeitraum und/oder Erscheinungsjahr vorhanden sind.
Es werden alle Nebeneintragungen unter Entstehungsdaten bzw. -zeiträumen und/oder Erscheinungsjahren hier vereinigt (vgl. Abschnitt 4.2.8.1.3, § EZ 185,2 sowie Abschnitt 4.7.5, § EZ 697).
Aus ökonomischen Gründen kann auf diesen Katalogtypus verzichtet werden.

4.11.4 Sachkatalog

Der Sachkatalog hat zunächst die Aufgabe nachzuweisen, ob zu einem bestimmten Deskriptor Werke vorhanden sind. Er hat ferner die Aufgabe nachzuweisen, welche Werke zu einem bestimmten Deskriptor vorhanden sind.
Es werden alle Nebeneintragungen unter Deskriptoren hier vereinigt (vgl. Abschnitt 4.2.8.1.3, § EZ 185,2 sowie Abschnitt 4.7.6, § EZ 698).
Aus ökonomischen Gründen kann auf diesen Katalogtypus verzichtet werden.

4.11.5 Nachlaßbestandskatalog

Der Nachlaßbestandskatalog hat die Aufgabe, dem Benutzer die erschlossene Ordnung eines Nachlasses zugänglich zu machen.
Zu diesem Zweck werden Zeugen und Konvolute der Reihe A nach den Bearbeitungs- und Gliederungsnummern der Signaturen geordnet (vgl. Abschnitt 4.2.8.1.3, § EZ 185,1 sowie Abschnitt 4.7.7, § EZ 699). Falls sich Nachlässe über mehrere Bearbeitungsnummern hin verteilen, sind Verweise vor allen zugehörigen Bearbeitungsnummern auf die anderen entsprechenden Bearbeitungsnummern zu machen (z. B. «Nachl.: Ebner, Ferdinand s. auch 6»).

Fünftes Kapitel

BEISPIELE

Einleitung

Das Erfassungsformular begleitet jedes Archivale bzw. Konvolut während dessen Bearbeitung. Aus den einzelnen Regelungen in diesen Richtlinien ergibt sich, daß in jeder Phase bestimmte Informationen anfallen. Zu jedem der im folgenden gegebenen Beispiele wird deshalb auf der linken Seite ein ausgefülltes Erfassungsformular beigegeben, wobei durch verschiedene Schrifttypen signalisiert wird, welche Informationen in welcher Bearbeitungsphase eingetragen worden sind:

a. INVENTARISIERUNG
b. Ordnen. Signieren. Lagern
c. Katalogisierung

Auf der gegenüberliegenden Seite findet sich dann an erster Stelle die vollständige Einheitsaufnahme; sie wird ergänzt durch eine Auswahl von entsprechenden Nebeneintragungen (die drei Punkte signalisieren, daß sich der Text der Nebeneintragung mit jenem der Haupteintragung deckt) sowie durch die jeweilige vereinfachte Einheitsaufnahme.
Die Beispiele repräsentieren jeweils Typen von Entstehungszeugen, wie sie in den Beständen eines Literaturarchivs häufig vorkommen; überdies sind sie so ausgewählt worden, daß die Mehrzahl der Modifikationen, wie sie sich aus den Sonderregeln für Entstehungszeugen gegenüber den RAK-WB ergeben, zur Darstellung gelangt. Auf Beispiele, die im Rahmen der RAK-WB und der zugehörigen übrigen Sonderregeln katalogisiert werden müssen, wurde verzichtet (vgl. hiezu die Einleitung zu Kapitel 4).

Erfassungsformulare und Einheitsaufnahmen

5.1 Einzelwerk eines Verfassers

Inv.-Nr.: 1616 Sign.: 1/1.7 Nachl.: EBNER, FERDINAND

AST:
HST: AUS EINEM TAGEBUCH
Zus. z. HST:
PST:
ST d. beigef. Werkes:
Zus. z. ST d. beigef. Werkes:
Zus. (ganze Vorl.):
UR/fortl. Beil.:

Verf. (HST): FERDINAND EBNER
Urh. (HST):
sonst. bet. Pers. u. Körperschaft (HST):
Verf. (beigef. Werk):
Verfasserang. (UR/fortl. Beil.):
Verfasserang. (ganze Vorl.):

Werkzusammenhang/Ausg.: [EZ, Abschr.]
sonst. bet. Pers. u. Körperschaft: [Josef M. Hauer]

Mathemat. Ang.:

Ort: [s.l.]
Verl./Drucker/Herst.:
Zeitang.: [um 1918.02.07]

Anz. u. Art d. phys. Einh., Umf.: 28 BL.
sonst. phys. u. techn. Ang.: EH.
Illustrationsang.:
Format, Maßang. u. dgl.:
Ang. v. Begleitmat.:

Gesamttitelang.:

EST: Aus dem Tagebuche 1916/17
EST (beigef. Werk):
zusätzl. Ang. z. det. bibl. Beschr.: VON D. HAND VON: JOSEF M. HAUER

Hinw. auf and. Teile, Zeugen bzw. Ausg. u. Werke:

ISBN, ISSN u. dgl.:

Auff. d. Teile/Bände

Kopf d. HE: Verf.
NE-Verm.: Sign.; 1918.02.07; Verf.: EST

Vw-Verm.:

Verwaltungsverm.: 4

Erschließungsverm.:

Einheitsaufnahme

Nachl.: Ebner, Ferdinand 1616
1/1.7

Ebner, Ferdinand:
Aus einem Tagebuch. – [EZ, Abschr.] / [Josef M. Hauer]. – [S. l.], [um 1918.02.07]. – 28 Bl. : eh.
Einheitssacht.: Aus dem Tagebuche 1916/17
Von d. Hand von: Josef M. Hauer
NE: Sign.; 1918.02.07; Verf.: EST

Nebeneintragungen (Auswahl)

Nachl.: Ebner, Ferdinand 1616
1/1.7
Ebner, Ferdinand: Aus dem Tagebuche 1916/17 <1918.02.07, Abschr.>
Ebner, Ferdinand:
...

Nachl.: Ebner, Ferdinand 1616
1/1.7

1/1.7
Ebner, Ferdinand:
...

Vereinfachte Einheitsaufnahme

Nachl.: Ebner, Ferdinand 1616
1/1.7

Ebner, Ferdinand:
Aus einem Tagebuch. – [Um 1918.02.07]
NE: Sign.; 1918.02.07
Unvollst. Beschr.

5.2 Einzelwerk eines Verfassers : Korrespondenzstück an einen Adressaten

Inv.-Nr.: 2650 Sign.: 1/6.1.48 Nachl.: EBNER, FERDINAND

AST:
HST:
Zus. z. HST: [KORR.]
PST:
ST d. beigef. Werkes:
Zus. z. ST d. beigef. Werkes:
Zus. (ganze Vorl.):
UR/fortl. Beil.:

Verf. (HST): Josef Hauer an Hüttl
Urh. (HST):
sonst. bet. Pers. u. Körperschaft (HST):
Verf. (beigef. Werk):
Verfasserang. (UR/fortl. Beil.):
Verfasserang. (ganze Vorl.):

Werkzusammenhang/Ausg.: [EZ, Abschr.]
sonst. bet. Pers. u. Körperschaft: [Adolf Deutsch]

Mathemat. Ang.:

Ort: Wien
Verl./Drucker/Herst.:
Zeitang.: [nach 1919.02.23]

Anz. u. Art d. phys. Einh., Umf.: 1 BR. (3 BL.)
sonst. phys. u. techn. Ang.: MASCH.
Illustrationsang.:
Format, Maßang. u. dgl.:
Ang. v. Begleitmat.:

Gesamttitelang.:

EST: HÜTTL, ERWIN ‹1919.02.23. Abschr.›
EST (beigef. Werk):
zusätzl. Ang. z. det. bibl. Beschr.: Deskr.: Schönberg, Arnold

Hinw. auf and. Teile, Zeugen bzw. Ausg. u. Werke:

ISBN, ISSN u. dgl.:

Auff. d. Teile/Bände

Kopf d. HE: HAUER, JOSEF M.
NE-Verm.: Sign.; Adressat; 1919.02.23; Deskr.

Vw-Verm.:

Verwaltungsverm.: 5

Erschließungsverm.:

Einheitsaufnahme

Nachl.: Ebner, Ferdinand 2650
1/6.1.48

Hauer, Josef M.:
Hüttl, Erwin <1919.02.23, Abschr.> : [Korr.] / Josef Hauer an Hüttl. – [EZ, Abschr.] / [Adolf Deutsch]. – Wien, [nach 1919.02.23]. – 1 Br. (3 Bl.) : masch.
Deskr.: Schönberg, Arnold
NE: Sign.; Adressat; 1919.02.23; Deskr.

Verweisung

Hauer, Josef [Früherer Name]
s. Hauer, Josef M.

Nebeneintragungen (Auswahl)

Nachl.: Ebner, Ferdinand 2650
1/6.1.48

Hüttl, Erwin [Adressat]
Hauer, Josef M.:
. . .

Nachl.: Ebner, Ferdinand 2650
1/6.1.48

Schönberg, Arnold
Hauer, Josef M.:
. . .

Vereinfachte Einheitsaufnahme

Nachl.: Ebner, Ferdinand 2650
1/6.1.48

Hauer, Josef M.:
Hüttl, Erwin <1919.02.23> : [Korr.]
NE: Sign.; Adressat; Zeitang.
Unvollst. Beschr.

5.3 Einzelwerk eines Verfassers : Korrespondenzstück an zwei Adressaten

Inv.-Nr.: 2649 Sign.: 1/6.1.47 Nachl.: EBNER, FERDINAND

AST:
HST:
Zus. z. HST: [KORR.]
PST:
ST d. beigef. Werkes:
Zus. z. ST d. beigef. Werkes:
Zus. (ganze Vorl.):
UR/fortl. Beil.:

Verf. (HST): Hauer an [Adolf Deutsch] ...
Urh. (HST):
sonst. bet. Pers. u. Körperschaft (HST):
Verf. (beigef. Werk):
Verfasserang. (UR/fortl. Beil.):
Verfasserang. (ganze Vorl.):

Werkzusammenhang/Ausg.: [EZ]
sonst. bet. Pers. u. Körperschaft: [Adolf Deutsch]

Mathemat. Ang.:

Ort: Wien
Verl./Drucker/Herst.:
Zeitang.: [nach 1919.02.21]

Anz. u. Art d. phys. Einh., Umf.: 1 BR. (3 BL.)
sonst. phys. u. techn. Ang.: MASCH.
Illustrationsang.:
Format, Maßang. u. dgl.:
Ang. v. Begleitmat.:

Gesamttitelang.:

EST: DEUTSCH, ADOLF ‹1919.02.21, Abschr.›
EST (beigef. Werk):
zusätzl. Ang. z. det. bibl. Beschr.: Deskr.: Schönberg, Arnold. - Weiterer Adressat: Hüttl, Erwin

Hinw. auf and. Teile, Zeugen bzw. Ausg. u. Werke:

ISBN, ISSN u. dgl.:

Auff. d. Teile/Bände

Kopf d. HE: HAUER, JOSEF M.
NE-Verm.: Sign.; Verf.: Hüttl, Erwin ‹1919.02.21, Abschr.›; 1. Adressat; 1919.02.21

Vw-Verm.:

Verwaltungsverm.: 6

Erschließungsverm.:

Einheitsaufnahme

Nachl.: Ebner, Ferdinand 2649
1/6.1.47

Hauer, Josef M.:
Deutsch, Adolf <1919.02.21, Abschr.> : [Korr.] / Hauer an [Adolf Deutsch]. . . – [EZ] / [Adolf Deutsch]. – Wien, [nach 1919.02.21]. – 1 Br. (3 Bl.) : masch.
Deskr.: Schönberg, Arnold. – Weiterer Adressat: Hüttl, Erwin
NE: Sign.; Verf.: Hüttl, Erwin <1919.02.21, Abschr.>; 1. Adressat; 1919.02.21

Nebeneintragungen (Auswahl)

Nachl.: Ebner, Ferdinand 2649
1/6.1.47

Hauer, Josef M.: Hüttl, Erwin <1919.02.21, Abschr.>
Hauer, Josef M.:
. . .

Vereinfachte Einheitsaufnahme

Nachl.: Ebner, Ferdinand 2649
1/6.1.47

Hauer, Josef M.:
Deutsch, Adolf <1919.02.21> : [Korr.]
NE: Sign.; Adressat; Zeitang.
Unvollst. Beschr.

5.4 Einzelwerk eines Verfassers : Korrespondenzstück – Konvolut

Inv.-Nr.: 2116 Sign.: 1/4.2.207 Nachl.: EBNER, FERDINAND

AST:
HST:
Zus. z. HST: [KORR.]
PST:
ST d. beigef. Werkes:
Zus. z. ST d. beigef. Werkes:
Zus. (ganze Vorl.):
UR/fortl. Beil.:

Verf. (HST): L.
Urh. (HST):
sonst. bet. Pers. u. Körperschaft (HST):
Verf. (beigef. Werk):
Verfasserang. (UR/fortl. Beil.):
Verfasserang. (ganze Vorl.):

Werkzusammenhang/Ausg.: [EZ]
sonst. bet. Pers. u. Körperschaft:

Mathemat. Ang.:

Ort: Wr. Neustadt [u.a.]
Verl./Drucker/Herst.:
Zeitang.:

Anz. u. Art d. phys. Einh., Umf.: 64 BR. (88 BL.), 2 ANS.-KT.
sonst. phys. u. techn. Ang.: EH. M. U.
Illustrationsang.:
Format, Maßang. u. dgl.:
Ang. v. Begleitmat.: 52 KUV.

Gesamttitelang.:

EST: EBNER, FERDINAND <1914.01.10/12.24>
EST (beigef. Werk):
zusätzl. Ang. z. det. bibl. Beschr.:

Hinw. auf and. Teile, Zeugen bzw. Ausg. u. Werke:

ISBN, ISSN u. dgl.:

Auff. d. Teile/Bände

Kopf d. HE: KARPISCHEK, LUISE
NE-Verm.: Sign.; Adressat; Zeitang.

Vw-Verm.:

Verwaltungsverm.: 4

Erschließungsverm.: ADRESSAT Z.T. ERSCHLOSSEN . - Konv.: 9 Mappen

Einheitsaufnahme

Nachl.: Ebner, Ferdinand 2116
1/4.2.207

Karpischek, Luise:
Ebner, Ferdinand <1914.01.10/12.24> : [Korr.] / L. – [EZ]. – Wr. Neustadt [u. a.]. – 64 Br. (88 Bl.), 2 Ans.-Kt. : eh. m. U. + 52 Kuv.
NE: Sign.; Adressat; Zeitang.
Konv.: 9 Mappen. – Adressat z. T. erschlossen

Nebeneintragung (Auswahl)

Nachl.: Ebner, Ferdinand 2116
1/4.2.207

1914.01.10/12.24
Karpischek, Luise:
. . .

Vereinfachte Einheitsaufnahme

Nachl.: Ebner, Ferdinand 2116
1/4.2.207

Karpischek, Luise:
Ebner, Ferdinand <1914.01.10/12.24> : [Korr.]
NE: Sign.; Adressat; Zeitang.
Konv.: 9 Mappen. – Adressat z. T. erschlossen
Unvollst. Beschr.

5.5 Sammlung mit übergeordnetem Sachtitel

Inv.-Nr.: 312 Sign.: 1/2.242 Nachl.: EBNER, FERDINAND

AST:
HST: SKIZZENBUCH
Zus. z. HST: [Prosaanthologie]
PST:
ST d. beigef. Werkes:
Zus. z. ST d. beigef. Werkes:
Zus. (ganze Vorl.):
UR/fortl. Beil.:

Verf. (HST): FERDINAND EBNER
Urh. (HST):
sonst. bet. Pers. u. Körperschaft (HST):
Verf. (beigef. Werk):
Verfasserang. (UR/fortl. Beil.):
Verfasserang. (ganze Vorl.):

Werkzusammenhang/Ausg.: [EZ, Reinschr.]
sonst. bet. Pers. u. Körperschaft:

Mathemat. Ang.:

Ort: Waldegg
Verl./Drucker/Herst.:
Zeitang.: 1905/1906

Anz. u. Art d. phys. Einh., Umf.: 1 H. (30 BL.)
sonst. phys. u. techn. Ang.: EH.
Illustrationsang.:
Format, Maßang. u. dgl.:
Ang. v. Begleitmat.:

Gesamttitelang.:

EST:
EST (beigef. Werk):
zusätzl. Ang. z. det. bibl. Beschr.: Enth. u.a.: Parabel. Tote Liebe. Die Spinne

Hinw. auf and. Teile, Zeugen bzw. Ausg. u. Werke:

ISBN, ISSN u. dgl.:

Auff. d. Teile/Bände

Kopf d. HE: Verf.
NE-Verm.: Sign.; Zeitang.; 1. enth. Werk; 2. enth. Werk; 3. enth. Werk; Verf.: [Sammlung]

Vw-Verm.:

Verwaltungsverm.: 7

Erschließungsverm.:

Einheitsaufnahme

Nachl.: Ebner, Ferdinand 312
1/2.242

Ebner, Ferdinand:
Skizzenbuch : [Prosaanthologie]. – [EZ, Reinschr.]. – Waldegg, 1905/06. – 1 H. (30 Bl.) : eh.
Enth. u. a.: Parabel. Tote Liebe. Die Spinne
NE: Sign.; Zeitang.; 1. enth. Werk; 2. enth. Werk; 3. enth. Werk; Verf.: [Sammlung]

Nebeneintragungen (Auswahl)

Nachl.: Ebner, Ferdinand 312
1/2.242

Ebner, Ferdinand: Parabel
Ebner, Ferdinand:
...

Nachl.: Ebner, Ferdinand 312
1/2.242

Ebner, Ferdinand: [Sammlung] Skizzenbuch
Ebner, Ferdinand:
...

Vereinfachte Einheitsaufnahme

Nachl.: Ebner, Ferdinand 312
1/2.242

Ebner, Ferdinand:
Skizzenbuch : [Prosaanthologie]. – 1905/1906
NE: Sign.; Zeitang.
Unvollst. Beschr.

5.6 Sammlung ohne übergeordneten Sachtitel

Inv.-Nr.: 59 Sign.: 1/2.9 Nachl.: EBNER, FERDINAND

AST:
HST: SPAZIERGANG IM WINTER
Zus. z. HST:
PST:
ST d. beigef. Werkes: "Ach, da ich der Nachtigall gelauscht"
Zus. z. ST d. beigef. Werkes:
Zus. (ganze Vorl.): [2 Ged.]
UR/fortl. Beil.:

Verf. (HST):
Urh. (HST):
sonst. bet. Pers. u. Körperschaft (HST):
Verf. (beigef. Werk):
Verfasserang. (UR/fortl. Beil.):
Verfasserang. (ganze Vorl.): Reimar

Werkzusammenhang/Ausg.: [EZ, Entw.]
sonst. bet. Pers. u. Körperschaft:

Mathemat. Ang.:

Ort: [Verm. Wiener Neustadt]
Verl./Drucker/Herst.:
Zeitang.: 1898.01.28

Anz. u. Art d. phys. Einh., Umf.: 1 BL.
sonst. phys. u. techn. Ang.: EH. M. U.
Illustrationsang.:
Format, Maßang. u. dgl.:
Ang. v. Begleitmat.:

Gesamttitelang.:

EST:
EST (beigef. Werk):
zusätzl. Ang. z. det. bibl. Beschr.:

Hinw. auf and. Teile, Zeugen bzw. Ausg. u. Werke:

ISBN, ISSN u. dgl.:

Auff. d. Teile/Bände

Kopf d. HE: EBNER, FERDINAND
NE-Verm.: Sign.; beigef. Werk; Zeitang.

Vw-Verm.: Reimar [Pseud.] s. Ebner, Ferdinand

Verwaltungsverm.: 4

Erschließungsverm.:

Einheitsaufnahme

Nachl.: Ebner, Ferdinand 59
1/2.9

Ebner, Ferdinand:
Spaziergang im Winter. "Ach, da ich der Nachtigall gelauscht". [2 Ged.] / Reimar. – [EZ, Entw.]. – [Verm. Wiener Neustadt], 1898.01.28. – 1 Bl. : eh. m. U.
NE: Sign.; beigef. Werk; Zeitang.

Verweisung

Reimar [Pseud.]
s. Ebner, Ferdinand

Nebeneintragung (Auswahl)

Nachl.: Ebner, Ferdinand 59
1/2.9

Ebner, Ferdinand: „Ach, da ich der Nachtigall gelauscht"
Ebner, Ferdinand:
. . .

Vereinfachte Einheitsaufnahme

Nachl.: Ebner, Ferdinand 59
1/2.9

Ebner, Ferdinand:
Spaziergang im Winter. – 1898.01.28
NE: Sign.; Zeitang.
Unvollst. Beschr.

5.7 Gemeinschaftliches Werk

Inv.-Nr.: 2629 Sign.: 1/6.1.27 Nachl.: EBNER, FERDINAND

AST:
HST: DER GEFESSELTE PROMETHEUS
Zus. z. HST: Schluß d. Tragödie d. Aischylos ; für Kl. u. Gesang ; op. 18
PST:
ST d. beigef. Werkes:
Zus. z. ST d. beigef. Werkes:
Zus. (ganze Vorl.):
UR/fortl. Beil.:

Verf. (HST): Josef Hauer
Urh. (HST):
sonst. bet. Pers. u. Körperschaft (HST): Übers. von Carlo Philips
Verf. (beigef. Werk):
Verfasserang. (UR/fortl. Beil.):
Verfasserang. (ganze Vorl.):

Werkzusammenhang/Ausg.: [EZ, Reinschr.]
sonst. bet. Pers. u. Körperschaft:

Mathemat. Ang.:

Ort: [s.l.]
Verl./Drucker/Herst.:
Zeitang.: 1919.08.10/11

Anz. u. Art d. phys. Einh., Umf.: 6 S.
sonst. phys. u. techn. Ang.: EH.
Illustrationsang.:
Format, Maßang. u. dgl.:
Ang. v. Begleitmat.:

Gesamttitelang.:

EST:
EST (beigef. Werk):
zusätzl. Ang. z. det. bibl. Beschr.:

Hinw. auf and. Teile, Zeugen bzw. Ausg. u. Werke:

ISBN, ISSN u. dgl.:

Auff. d. Teile/Bände

Kopf d. HE: HAUER, JOSEF M.
NE-Verm.: Sign.; Aeschylus:; Übers.; Zeitang.

Vw-Verm.:

Verwaltungsverm.: 5

Erschließungsverm.:

Einheitsaufnahme

Nachl.: Ebner, Ferdinand 2629
1/6.1.27

Hauer, Josef M.:
Der gefesselte Prometheus : Schluß d. Tragödie d. Aischylos ; für Kl. u. Gesang ; op. 18 / Josef Hauer. Übers. von Carlo Philips. – [EZ, Reinschr.]. – [S. l.], 1919.08.10/11. – 6 S. : eh.
NE: Sign.; Aeschylus:; Übers.; Zeitang.

Verweisung

Aischylos
s. Aeschylus

Nebeneintragungen (Auswahl)

Nachl.: Ebner, Ferdinand 2629
1/6.1.27

Philips, Carlo [Übers.]
Hauer, Josef M.:
...

Nachl.: Ebner, Ferdinand 2629
1/6.1.27

Aeschylus: Der gefesselte Prometheus
Hauer, Josef M.:
...

Vereinfachte Einheitsaufnahme

Nachl.: Ebner, Ferdinand 2629
1/6.1.27

Hauer, Josef M.:
Der gefesselte Prometheus. – 1919.08.10/11
NE: Sign.; Zeitang.
Unvollst. Beschr.

5 8 Gemeinschaftliches Werk : Konvolut

Inv.-Nr.: 1659 Sign.: 1/1.57 Nachl.: EBNER, FERDINAND

AST:
HST: [DER FALL SCHACH]
Zus. z. HST: [Dokumente]
PST:
ST d. beigef. Werkes:
Zus. z. ST d. beigef. Werkes:
Zus. (ganze Vorl.):
UR/fortl. Beil.:

Verf. (HST): [Ferdinand Ebner] ; Max Schacherl ; Heinrich Schach ;
Urh. (HST): Richard Fleischhacker
sonst. bet. Pers. u. Körperschaft (HST): Bezirksschulrat Hietzing-Umgebung
Verf. (beigef. Werk):
Verfasserang. (UR/fortl. Beil.):
Verfasserang. (ganze Vorl.):

Werkzusammenhang/Ausg.: [EZ]
sonst. bet. Pers. u. Körperschaft:

Mathemat. Ang.:

Ort: Wien [u.a.]
Verl./Drucker/Herst.:
Zeitang.: 1920.08.07/1927.12.23

Anz. u. Art d. phys. Einh., Umf.: 87 BL.
sonst. phys. u. techn. Ang.: EH., MASCH.
Illustrationsang.:
Format, Maßang. u. dgl.:
Ang. v. Begleitmat.: 2 KUV.

Gesamttitelang.: L.E. / [Ferdinand Ebner] ; 6

EST:
EST (beigef. Werk):
zusätzl. Ang. z. det. bibl. Beschr.: Deskr.: Schach, Heinrich

Hinw. auf and. Teile, Zeugen bzw. Ausg. u. Werke:

ISBN, ISSN u. dgl.:

Auff. d. Teile/Bände

Kopf d. HE: EBNER, FERDINAND
NE-Verm.: Sign.; 2. Verf.:; 3. Verf.:; 4. Verf.:; Zeitang.;
Ebner, Ferdinand: Lebenserinnerungen ; 6; Deskr.

Vw-Verm.:

Verwaltungsverm.: 9

Erschließungsverm.: Konv.: 1 Mappe

Einheitsaufnahme

Nachl.: Ebner, Ferdinand 1659
1/1.57

Ebner, Ferdinand:
[Der Fall Schach] : [Dokumente] / [Ferdinand Ebner] ; Max Schacherl ; Heinrich Schach ; Richard Fleischhacker ; Bezirksschulrat Hietzing-Umgebung. – [EZ]. – Wien [u. a.], 1920.08.07/1927.12.23. – 87 Bl. : eh., masch. + 2 Kuv. – (L.E. / [Ferdinand Ebner] ; 6)
Deskr.: Schach, Heinrich
NE: Sign.; 2. Verf.:; 3. Verf.:; 4. Verf.:; Zeitang.; Ebner, Ferdinand: Lebenserinnerungen ; 6; Deskr.
Konv.: 1 Mappe

Nebeneintragungen (Auswahl)

Nachl.: Ebner, Ferdinand 1659
1/1.57

Schacherl, Max: Der Fall Schach
Ebner, Ferdinand:
...

Nachl.: Ebner, Ferdinand 1659
1/1.57

Ebner, Ferdinand: Lebenserinnerungen ; 6
Ebner, Ferdinand:
...

Vereinfachte Einheitsaufnahme

Nachl.: Ebner, Ferdinand 1659
1/1.57

Ebner, Ferdinand:
[Der Fall Schach] : [Dokumente]. – 1920.08.07/1927.12.23
NE: Sign.; Zeitang.
Unvollst. Beschr.

5.9 Werkzusammenhänge

In Werkzusammenhang zum nächsten Beispiel

Inv.-Nr.: 1656 Sign.: 1/1.53 Nachl.: EBNER, FERDINAND

AST:
HST: NOTIZEN ZU EINER GESCHICHTE MEINES GEISTIGEN LEBENSGANGES
Zus. z. HST:
PST:
ST d. beigef. Werkes: Zur Psychologie des Falles Schach
Zus. z. ST d. beigef. Werkes: [Notizen]
Zus. (ganze Vorl.):
UR/fortl. Beil.:

Verf. (HST): F.E.
Urh. (HST):
sonst. bet. Pers. u. Körperschaft (HST):
Verf. (beigef. Werk):
Verfasserang. (UR/fortl. Beil.):
Verfasserang. (ganze Vorl.):

Werkzusammenhang/Ausg.: [EZ]
sonst. bet. Pers. u. Körperschaft:

Mathemat. Ang.:

Ort: [Gablitz]
Verl./Drucker/Herst.:
Zeitang.: [1927.06.21/1929.04.01]

Anz. u. Art d. phys. Einh., Umf.: 1 H. (24, 1 BL.)
sonst. phys. u. techn. Ang.: EH.
Illustrationsang.:
Format, Maßang. u. dgl.:
Ang. v. Begleitmat.:

Gesamttitelang.: L.E. / F.E. ; 1

EST:
EST (beigef. Werk): Der Fall Schach <1927.06.25, Notizen>
zusätzl. Ang. z. det. bibl. Beschr.: Enth. außerdem: Ficker, Ludwig von <1929.04.01, Entw.> : Korr. / an F. - Deskr.: Schach, Heinrich
Hinw. auf and. Teile, Zeugen bzw. Ausg. u. Werke:

ISBN, ISSN u. dgl.:

Auff. d. Teile/Bände

Kopf d. HE: EBNER, FERDINAND
NE-Verm.: Sign.; 1. beigef. Werk; 1927.06.21/1929.04.01; Verf.: Lebenserinnerungen ; 1; Verf.: EST d. beigef. Werkes; 1927.06.25; Adressat; 2. beigef. Werk; Verf.: [Sammlung]; Deskr.
Vw-Verm.:

Verwaltungsverm.: 11

Erschließungsverm.:

Einheitsaufnahme

Nachl.: Ebner, Ferdinand 1656
1/1.53

Ebner, Ferdinand:
Notizen zu einer Geschichte meines geistigen Lebensganges. Zur Psychologie des Falles Schach. [Notizen] / F.E. – [EZ]. – [Gablitz], [1927.06.21/1929.04.01]. – 1 H. (24, 1 Bl.) : eh. – (L.E. / F.E. ; 1)
Einheitssacht. d. beigef. Werkes: Der Fall Schach <1927.06.25, Notizen>
Enth. außerdem: Ficker, Ludwig von <1929.04.01, Entw.> : Korr. / an F.
Deskr.: Schach, Heinrich
NE: Sign.; 1. beigef. Werk; 1927.06.21/1929.04.01; Verf.: Lebenserinnerungen ; 1; Verf.: EST d. beigef. Werkes; 1927.06.25; Adressat; 2. beigef. Werk; Verf.: [Sammlung] ; Deskr.

Nebeneintragungen (Auswahl)

Nachl.: Ebner, Ferdinand 1656
1/1.53

Ebner, Ferdinand: Zur Psychologie des Falles Schach
Ebner, Ferdinand:
. . .

Nachl.: Ebner, Ferdinand 1656
1/1.53

Ebner, Ferdinand: Der Fall Schach <1927.06.25, Notizen>
Ebner, Ferdinand:
. . .

Nachl.: Ebner, Ferdinand 1656
1/1.53

Ebner, Ferdinand: Ficker, Ludwig von <1929.04.01, Entw.>
Ebner, Ferdinand:
. . .

Vereinfachte Einheitsaufnahme

Nachl.: Ebner, Ferdinand 1656
1/1.53

Ebner, Ferdinand:
Notizen zu einer Geschichte meines geistigen Lebensganges. – [1927.06.21/1929.04.01]
NE: Sign.; Zeitang.
Unvollst. Beschr.

In Werkzusammenhang zum vorigen Beispiel

Inv.-Nr.: 1660 Sign.: 1/1.58 Nachl.: EBNER, FERDINAND

AST:
HST: DER FALL SCHACH
Zus. z. HST: [Essay]
PST:
ST d. beigef. Werkes:
Zus. z. ST d. beigef. Werkes:
Zus. (ganze Vorl.):
UR/fortl. Beil.:

Verf. (HST): [Ferdinand Ebner]
Urh. (HST):
sonst. bet. Pers. u. Körperschaft (HST):
Verf. (beigef. Werk):
Verfasserang. (UR/fortl. Beil.):
Verfasserang. (ganze Vorl.):

Werkzusammenhang/Ausg.: [EZ, überarb. Reinschr.]
sonst. bet. Pers. u. Körperschaft:

Mathemat. Ang.:

Ort: [Gablitz]
Verl./Drucker/Herst.:
Zeitang.: [bis 1931.05.27]

Anz. u. Art d. phys. Einh., Umf.: 1 H. (40, 14 BL.)
sonst. phys. u. techn. Ang.: EH.
Illustrationsang.:
Format, Maßang. u. dgl.:
Ang. v. Begleitmat.:

Gesamttitelang.: L.E. / [Ferdinand Ebner] ; 4

EST:
EST (beigef. Werk):
zusätzl. Ang. z. det. bibl. Beschr.: 14 BL.: LOSE. - Deskr.: Schach, Heinrich

Hinw. auf and. Teile, Zeugen bzw. Ausg. u. Werke:

ISBN, ISSN u. dgl.:

Auff. d. Teile/Bände

Kopf d. HE: EBNER, FERDINAND
NE-Verm.: Sign.; 1931.05.27; Verf.: Lebenserinnerungen ; 4; Deskr.

Vw-Verm.:

Verwaltungsverm.: 5

Erschließungsverm.:

Einheitsaufnahme

Nachl.: Ebner, Ferdinand 1660
1/1.58

Ebner, Ferdinand:
Der Fall Schach : [Essay] / [Ferdinand Ebner]. – [EZ, überarb. Reinschr.]. – [Gablitz], [bis 1931.05.27]. – 1 H. (40, 14 Bl.) : eh. – (L.E. / [Ferdinand Ebner] ; 4)
14 Bl.: lose. – Deskr.: Schach, Heinrich
NE: Sign.; 1931.05.27; Verf.: Lebenserinnerungen ; 4; Deskr.

Vereinfachte Einheitsaufnahme

Nachl.: Ebner, Ferdinand 1660
1/1.58

Ebner, Ferdinand:
Der Fall Schach. – [Bis 1931.05.27]
NE: Sign.; 1931.05.27
Unvollst. Beschr.

In Werkzusammenhang zu den nächsten Beispielen

Inv.-Nr.: 1643 Sign.: 1/1.37 Nachl.: EBNER, FERDINAND

AST:
HST: ZUM PROBLEM DER SPRACHE U[ND] DES WORTES
Zus. z. HST: [Essay]
PST:
ST d. beigef. Werkes: [Aphorismen 1931]
Zus. z. ST d. beigef. Werkes:
Zus. (ganze Vorl.):
UR/fortl. Beil.:

Verf. (HST): [Ferdinand Ebner]
Urh. (HST):
sonst. bet. Pers. u. Körperschaft (HST):
Verf. (beigef. Werk):
Verfasserang. (UR/fortl. Beil.):
Verfasserang. (ganze Vorl.):

Werkzusammenhang/Ausg.: [EZ, 2. Entw., fragm.]
sonst. bet. Pers. u. Körperschaft:

Mathemat. Ang.:

Ort: [Gablitz]
Verl./Drucker/Herst.:
Zeitang.: [nach 1926.01.04]/1931.05

Anz. u. Art d. phys. Einh., Umf.: 1 H. (40, 2 BL.)
sonst. phys. u. techn. Ang.: EH.
Illustrationsang.:
Format, Maßang. u. dgl.:
Ang. v. Begleitmat.:

Gesamttitelang.: N.E.B. / [Ferdinand Ebner] ; 8

EST:
EST (beigef. Werk):
zusätzl. Ang. z. det. bibl. Beschr.: 2 BL.: LOSE. - Beigef. Werk in Gabelsberger Kurzschr.

Hinw. auf and. Teile, Zeugen bzw. Ausg. u. Werke:

ISBN, ISSN u. dgl.:

Auff. d. Teile/Bände

Kopf d. HE: EBNER, FERDINAND
NE-Verm.: Sign.; Verf.: Aphorismen 1931 [Neunzehnhunderteinunddreißig]; 1926.01.04/1931.05;Verf.: Notizen und Entwürfe aus der Brennerzeit ; 8; Verf.: [Sammlung]
Vw-Verm.:

Verwaltungsverm.: 6

Erschließungsverm.:

Einheitsaufnahme

Nachl.: Ebner, Ferdinand 1643
1/1.37

Ebner, Ferdinand:
Zum Problem der Sprache u[nd] des Wortes : [Essay]. [Aphorismen 1931] / Ebner. – [EZ, 2. Entw., fragm.]. – [Gablitz], [nach 1926.01.04]/1931.05. – 1 H. (40, 2 Bl.) : eh. – (N.E.B. / [Ferdinand Ebner] ; 8)
2 Bl.: lose. – Beigef. Werk in Gabelsberger Kurzschr.
NE: Sign.; Verf.: Aphorismen 1931 [Neunzehnhunderteinunddreißig]; 1926.01.04/1931.05; Verf.: Notizen und Entwürfe aus der Brennerzeit ; 8; Verf.: [Sammlung]

Nebeneintragung (Auswahl)

Nachl.: Ebner, Ferdinand 1643
1/1.37
Ebner, Ferdinand: Aphorismen 1931 [Neunzehnhunderteinunddreißig]
Ebner, Ferdinand:
. . .

Vereinfachte Einheitsaufnahme

Nachl.: Ebner, Ferdinand 1643
1/1.37

Ebner, Ferdinand:
Zum Problem der Sprache u[nd] des Wortes. – [Nach 1926.01.04]/1931.05
NE: Sign.; Zeitang.
Unvollst. Beschr.

In Werkzusammenhang zum vorigen und zum nächsten Beispiel

Inv.-Nr.: 1644 Sign.: 1/1.38 Nachl.: EBNER, FERDINAND

AST:
HST: ZUM PROBLEM DER SPRACHE U[ND] DES WORTES
Zus. z. HST: [Essay]
PST:
ST d. beigef. Werkes:
Zus. z. ST d. beigef. Werkes:
Zus. (ganze Vorl.):
UR/fortl. Beil.:

Verf. (HST): FERDINAND EBNER
Urh. (HST):
sonst. bet. Pers. u. Körperschaft (HST):
Verf. (beigef. Werk):
Verfasserang. (UR/fortl. Beil.):
Verfasserang. (ganze Vorl.):

Werkzusammenhang/Ausg.: [EZ, Reinschr.]
sonst. bet. Pers. u. Körperschaft:

Mathemat. Ang.:

Ort: [Gablitz]
Verl./Drucker/Herst.:
Zeitang.: [nach 1926.01.13/02.01]

Anz. u. Art d. phys. Einh., Umf.: 65 BL.
sonst. phys. u. techn. Ang.: EH.
Illustrationsang.:
Format, Maßang. u. dgl.:
Ang. v. Begleitmat.:

Gesamttitelang.:

EST:
EST (beigef. Werk):
zusätzl. Ang. z. det. bibl. Beschr.:

Hinw. auf and. Teile, Zeugen bzw. Ausg. u. Werke:

ISBN, ISSN u. dgl.:

Auff. d. Teile/Bände

Kopf d. HE: Verf.
NE-Verm.: Sign.; 1926.01.13/02.01

Vw-Verm.:

Verwaltungsverm.: 3

Erschließungsverm.:

Einheitsaufnahme

Nachl.: Ebner, Ferdinand 1644
1/1.38

Ebner, Ferdinand:
Zum Problem der Sprache u[nd] des Wortes : [Essay]. – [EZ, Reinschr.]. – [Gablitz], [nach 1926.01.13/02.01]. – 65 Bl. : eh.
NE: Sign.; 1926.01.13/02.01

Vereinfachte Einheitsaufnahme

Nachl.: Ebner, Ferdinand 1644
1/1.38

Ebner, Ferdinand:
Zum Problem der Sprache u[nd] des Wortes. – [Nach 1926.01.13/02.01]
NE: Sign.; 1926.01.13/02.01
Unvollst. Beschr.

In Werkzusammenhang zu den vorigen zwei Beispielen

Inv.-Nr.: 1645 Sign.: 1/1.39 Nachl.: EBNER, FERDINAND

AST:
HST: ZUM PROBLEM DES WORTES
Zus. z. HST:
PST:
ST d. beigef. Werkes:
Zus. z. ST d. beigef. Werkes:
Zus. (ganze Vorl.):
UR/fortl. Beil.:

Verf. (HST): [Ferdinand Ebner]
Urh. (HST):
sonst. bet. Pers. u. Körperschaft (HST):
Verf. (beigef. Werk):
Verfasserang. (UR/fortl. Beil.):
Verfasserang. (ganze Vorl.):

Werkzusammenhang/Ausg.: [EZ]
sonst. bet. Pers. u. Körperschaft:

Mathemat. Ang.:

Ort: [Gablitz]
Verl./Drucker/Herst.:
Zeitang.: 1922.09.23/1926.[01.13]

Anz. u. Art d. phys. Einh., Umf.: 1 H. (77 BL.)
sonst. phys. u. techn. Ang.: EH.
Illustrationsang.:
Format, Maßang. u. dgl.:
Ang. v. Begleitmat.:

Gesamttitelang.: N.E.B. / [Ferdinand Ebner] ; 5

EST: Zum Problem der Sprache und des Wortes
EST (beigef. Werk):
zusätzl. Ang. z. det. bibl. Beschr.: Enth.: Aphorismen. Zum Problem der Sprache u[nd] des Wortes, 1. Entw., 1926.01.04/13

Hinw. auf and. Teile, Zeugen bzw. Ausg. u. Werke:

ISBN, ISSN u. dgl.:

Auff. d. Teile/Bände

Kopf d. HE: EBNER, FERDINAND
NE-Verm.: Sign.; 1922.09.23/1926.01.13; Verf.: Notizen und Entwürfe aus der Brennerzeit ; 5; Verf.: EST; 1. enth. Werk; 2. enth. Werk; 1926.01.04/13
Vw-Verm.:

Verwaltungsverm.: 8

Erschließungsverm.:

Einheitsaufnahme

Nachl.: Ebner, Ferdinand 1645
1/1.39

Ebner, Ferdinand:
Zum Problem des Wortes / [Ferdinand Ebner]. – [EZ]. – [Gablitz], 1922.09.23/1926.[01.13]. – 1 H. (77 Bl.) : eh. – (N.E.B. / [Ferdinand Ebner] ; 5)
Einheitssacht.: Zum Problem der Sprache und des Wortes
Enth.: Aphorismen. Zum Problem der Sprache und des Wortes, 1. Entw., 1926.01.04/13
NE: Sign.; 1922.09.23/1926.01.13; Verf.: Notizen und Entwürfe aus der Brennerzeit ; 5; Verf.: EST; 1. enth. Werk; 2. enth. Werk; 1926.01.04/13

Nebeneintragung (Auswahl)

Nachl.: Ebner, Ferdinand 1645
1/1.39

Ebner, Ferdinand: Aphorismen
Ebner, Ferdinand:
...

Vereinfachte Einheitsaufnahme

Nachl.: Ebner, Ferdinand 1645
1/1.39

Ebner, Ferdinand:
Zum Problem des Wortes. – 1922.09.23/1926.[01.13]
NE: Sign.; Zeitang.
Unvollst. Beschr.

Sechstes Kapitel

ANHANG

6.1 Anlage EZ 4. Ergänzungen zur Liste der verbindlichen Abkürzungen der RAK-WB

(vgl. Einleitung zu Kapitel 4, «Anlagen»)

Abschrift	Abschr.
Angabe	Ang.
Anschrift	Anschr.
Ansichtskarte	Ans.-Kt.
Anzahl	Anz.
Aufführung	Auff.
Ausschnitt	Ausschn.
Begleitmaterial	Begleitmat.
beinhaltet	beinh.
Beschreibung	Beschr.
beschrieben	beschr.
beteiligt	bet.
Brief	Br.
datiert	dat.
Deskriptor	Deskr.
detailliert	det.
Dokument	Dok.
eigenhändig	eh.
Entstehungszeuge	EZ
Entwurf	Entw.
Fassung	Fass.
Faszikel	Fasz.
Gedicht	Ged.
geprüft	gepr.
hektografiert	hektogr.
Hersteller	Herst.
Hinweis	Hinw.
Inventarnummer	Inv.-Nr.
Konvolut	Konv.
Korrekturfahne	Korr.-Fahne

Korrespondenzstück	Korr.
Kuvert	Kuv.
maschinenschriftlich	masch.
mit	m.
Nachlaß	Nachl.
Original	Orig.
physisch	phys.
Postkarte	Postkt.
Poststempel	Postst.
Quittung	Quitt.
recto	r
Reinschrift	Reinschr.
Rundschreiben	Rundschr.
Signatur	Sign.
signiert	sign.
sine dato	s.d.
sonstige	sonst.
stenografiert	stenogr.
technisch	techn.
Telegramm	Telegr.
Titel	Tit.
Umbruch	Umbr.
und	u.
unsigniert	unsign.
Unterschrift	U.
unvollständig	unvollst.
Vermerk	Verm.
vermutlich	verm.
verso	v
vervielfältigt	vervielf.
von fremder Hand	v.f.H.
Widmung	Widm.
Zeitangabe	Zeitang.
zugleich	zugl.
zum Teil	z. T.
zusätzlich	zusätzl.

6.2 Anmerkungen

1 Literaturarchive, Bibliotheken, Archive, Museen, Vereine, Gesellschaften, Behörden und juristische Körperschaften aller Art (vgl. Irblich, 1982, S. 3).

2 Diese Arbeit meiner früheren Kollegin im Forschungsinstitut «Brenner-Archiv» wird demnächst erscheinen und ist als Komplement zu den vorliegenden Bestimmungen zur Verwaltung und wissenschaftlichen Erschließung von Nachlässen konzipiert worden. Auf die Behandlung von *Rechtsproblemen* bei der Erwerbung, bei der Erschließung sowie bei der Benutzung von Nachlässen verzichten diese Richtlinien gleichermaßen (deshalb wird auch auf das Problem der Kassation nicht eingegangen).

3 Scheibe, S. 4

4 Vgl. Martens, 1971, S. 168f.

5 Vgl. S. J. Schmidts begriffliche Unterscheidung von «Textformular» und «Text-in-Funktion» (1973); diese Trennung wird später von S. J. Schmidt modifiziert durch die Gegenüberstellung von materialer Kommunikatbasis und sprachlichem Kommunikat (1980). Eine allgemeine Darstellung des rezeptionsästhetischen Ansatzes findet sich bei Iser; zur empirischen Rezeptionsforschung vgl. Groeben, für eine Einbindung des strukturalistischen Ansatzes in dieses Forschungsprogramm votiert der Verfasser.

6 Vgl. Herbert Krafts «Zusammenfassung der Diskussion 1970» in *Probleme der Kommentierung;* hier bes. zum Referat Krummachers (S. 203).

7 Martens, 1971, S. 178

8 Scheibe, S. 7

9 Der Begriff ist von der verwahrenden Institution, nämlich dem Literaturarchiv her definiert. Anders als bei «Archivgut» (von Archiven übernommenes «Registraturgut») ist folglich der Provenienzzusammenhang keine unabdingbare Voraussetzung; damit wird der Existenz auch nicht provenienzgebundener Bestände in einem Literaturarchiv (Reihe B, s. u.) Rechnung getragen.

10 Scheibe, S. 7

11 Ibid., S. 11

12 Hans Zeller, S. 79

13 Vgl. Scheibe, S. 20

14 Vgl. Mommsen, 1971, S. XI - XXVI. Zum Nachlaßbegriff siehe auch die *Richtlinien Handschriftenkatalogisierung* der Deutschen Forschungsgemeinschaft, S. 39f.; Denecke, 1981, S. IXff.; Schmid, S. 1ff.; Moisy, S. 32ff.

15 Auf diese Problematik in der Praxis macht Moisy, S. 36, aufmerksam.

16 Vgl. Enders, S. 98: er spricht von Herkunfts- und Abgabegemeinschaft.

17 Vgl. Lülfing, S. 376f.

18 Dachs gibt eine gute Übersicht über in verschiedenen Institutionen praktizierte bzw. vorgeschlagene Ordnungsgruppen (S. 13 - 16). Bei der Entwicklung des Ordnungsschemas, das in diesen Richtlinien vorgesehen ist (vgl. Kapitel 3), war Eva Irblich beteiligt.

19 Vgl. Enders, S. 10; Schmid, S. 2

20 Enders, S. 8

21 Boberach, S. 149

22 Vgl. Enders, S. 11

23 Vgl. Boberach, S. 154

24 Vgl. Enders, S. 14. Zu den Grenzen des Provenienzprinzips in der Archivverwaltung vgl. Enders, S. 101.

25 Dachs, S. 7. Bei Dachs findet sich eine, auch historisch akzentuierte Diskussion der unterschiedlichen Standpunkte hinsichtlich des Verhältnisses von bibliothekarischen und archivarischen Methoden bei der Nachlaßbearbeitung, wobei die Frage nach der Ordnung der Nachlässe dominiert.

26 Wichtige Grundgedanken zu einer Gliederung der vorliegenden Richtlinien nach Bearbeitungsphasen verdanke ich einigen Gesprächen mit Wilfried Kirschl und Susanna Kirschl-Goldberg.

27 Zur Frage der Arbeitsteilung vgl. u. a. Knaus, S. 87, sowie die *Richtlinien Handschriftenkatalogisierung* der Deutschen Forschungsgemeinschaft, S. 44.

28 Zu «Laufzetteln» in Bibliotheken vgl. Hacker, S. 67f.

29 Besondere Berücksichtigung fanden die §§ 8 («Inventar-Kontenrahmen»; entspricht dem «Verzeichnis der Inventarisierungsunterlagen» in diesen Richtlinien), 10 («Inventar»; entspricht hier den «Inventarbüchern») und 12 («Standortinventar»; analog dazu hier: «Standortverzeichnisse»).

30 Verwaltungsgebräuche anderer Institutionen spiegeln sich in erster

Linie in den jeweiligen Inventarisierungsunterlagen dieser Institutionen; besondere Berücksichtigung fanden:

a. das Akzessionsbuch des Deutschen Literaturarchivs in Marbach am Neckar,
b. das Zuwachsprotokoll sowie das Inventarbuch an der Handschriftensammlung der Wiener Stadt- und Landesbibliothek,
c. die Nachlaßrepertorien der Bayerischen Staatsbibliothek in München,
d. das Findbuch im Weimarer Goethe- und Schiller-Archiv,
e. das Akzessionsbuch und die Standortrepertorien der Handschriften- und Inkunabelsammlung an der Österreichischen Nationalbibliothek in Wien.

31 Deutsches Literaturarchiv, 1984, Abschn. 7, 3

32 Bereits einleitend (vgl. Anm. 29) wurde darauf hingewiesen, daß diese Richtlinien sich auch für die Konzeption des Inventarbuches an den *Richtlinien für die Inventar- und Materialverwaltung – RIM* orientieren. Im § 10 schreiben diese ein «Inventar» vor, das wie folgt geregelt ist (Auszug, z. T. sinngemäß wiedergegeben):

- Für jede Gegenstandsgattung, nötigenfalls für jede Gegenstandsart (entspricht den «Abteilungen» dieser Richtlinien) ist ein Kontoblatt (entspricht dem «Inventarbuch») einzurichten.
- Jeder Gegenstand ist einzeln mit seinen wesentlichen Merkmalen, erforderlichenfalls unter Angabe seines jeweiligen Standorts (entspricht der Signatur in der Reihe A; der Inventarnummer in der Reihe B), einzutragen.
- Zugänge und Ausgänge sind aufgrund schriftlicher Unterlagen einzutragen. Als solche dienen Belege und Geschäftsstücke (entspricht den «Erwerbsunterlagen»); einzutragen sind Belegnummer und/oder Geschäftszahl.
- Einzutragen sind im einzelnen: Dienstsiegel, Unterschrift des Dienststellenleiters, Datum; Kennzahl und Bezeichnung der Gegenstandsgattung bzw. -art sowie die Blattnummer des betreffenden Kontos aufgrund des Inventar-Kontenverzeichnisses (vgl. «Verzeichnis der Inventarisierungsunterlagen»); eine Nummer für jedes Einzelstück, die pro Jahr und Kontoblatt durchläuft (entspricht mutatis mutandis der «Inventarnummer»); Belegnummern bzw. Zahlen der betreffenden Geschäftsstücke; Tag der Eintragung; wesentliche Merkmale des Gegenstands; Buchwert, Anschaffungswert; Angabe des jeweiligen Standorts.

Laut *RIM* (§ 11) können für bestimmte Gruppen von Gegenständen den besonderen Erfordernissen angepaßte *Sonderinventare* geführt werden, wobei nur bei wesentlichen Abweichungen das Einvernehmen mit dem Bundesministerium für Finanzen und dem Rechnungshof herzustellen ist; die vorliegende Konzeption zu Inventarbüchern versteht sich als ein solches, nur unwesentlich abweichendes Sonderinventar.

33 Der reine *Numerus currens* der Individualsignatur findet sich an der Handschriften- und Inkunabelsammlung der Österreichischen Nationalbibliothek (Series nova) sowie an der Handschriftensammlung der Wiener Stadt- und Landesbibliothek. Im Forschungsinstitut «Brenner-Archiv» der Universität Innsbruck und in der Autographenreihe der ÖNB wird dagegen im Rahmen einer *behältnisorientierten Systematik* einsigniert. Ein Beispiel für das *offene* Modell dieser Richtlinien findet man cum grano salis in der Bayerischen Staatsbibliothek.

34 Moisy, S. 41

35 Vgl. Bayerische Staatsbibliothek, S. 11

36 Enders, S. 113

37 Bayerische Staatsbibliothek, S. 14

38 Aus zwei Gründen sollten Nachlaßbibliotheken von Literaturarchiven übernommen und bearbeitet werden. Zum einen geben sie elementare Informationen zum Produktionshorizont eines Nachlassers, zum anderen beinhalten sie in der Form von Glossierungen Autographen, die zudem Rezeptionsvorgänge direkt interpretierbar machen. Sollte die Sammlung von Nachlaßbibliotheken dazu führen, daß eine größere Institution dadurch zur Aufstellung von Mehrfachexemplaren gezwungen würde, ist folgendermaßen vorzugehen: jene Druckschriften, welche der Autor glossiert hat oder/und welche sich durch Auflage, Gestaltung etc. von dem vorhandenen Exemplar unterscheiden, sind als Bestandteile der Nachlaßbibliothek zu übernehmen. Alle anderen Bestände der Nachlaßbibliothek durchlaufen gleichfalls den gesamten Bearbeitungsprozeß, werden jedoch nicht im Depot gelagert, sondern ausgeschieden (etwa im Tauschweg). Auf dem Erfassungsformular und im Inventarbuch ist der Verwaltungsvermerk «ausgeschieden» anzubringen. Die entsprechenden Katalogkarten werden nur im Nachlaßbestandskatalog (vgl. Abschnitt 4.11.5) ausgewiesen; sie tragen den Vermerk: «Ex. ausgesch.; s. alph. Kat.».

39 Enders diskutiert in seiner *Archivverwaltungslehre* (S. 101 - 110) vier Ordnungsprinzipien: das strenge Registraturprinzip, welches die vorgefundene Ordnung völlig übernimmt; das regulierende Registraturprinzip, welches eine fehlerhafte Ordnung korrigiert; das Verwaltungsstrukturprinzip, welches eine neue Ordnung nach den Funktionen und der Struktur der jeweiligen Behörde vornimmt; das abstrakt-systematisierende Prinzip, welches nach einem von außen herangetragenen theoretischen Schema neu ordnet. Unter Ablehnung des letzten Prinzips schlägt er eine Abfolge der Methoden entsprechend der vorgefundenen Ordnung vor:

> Ist die frühere Registratur- oder besser Archivordnung brauchbar, so wird sie beibehalten, zeigen sich Mängel, ist entsprechend zu korrigieren. Ist eine überlieferte Ordnung nicht brauchbar oder nicht feststellbar, so ist eine neue Ordnung nach

> den Funktionen der jeweiligen Herrschaft oder Korporation, nach ihrer Verfassung vorzunehmen. (S. 114)

Diese Richtlinien verfahren grundsätzlich analog, ordnen allerdings auf der Basis eines allgemeinen Schemas, welches sich aus der allgemeinen Struktur, wie sie fast allen Nachlässen, welche in ein Literaturarchiv kommen, gemeinsam ist, ergibt. Auf dieser Basis ist es im Rahmen dieser Richtlinien möglich, die Individualität eines jeden Nachlasses zu berücksichtigen.

40 Dieser Hinweis zielt auf Fälle wie folgenden ab: Landkarten sind für Künstler Dokumente, während sie für Kartografen u. U. den Stellenwert eines Werk-Zeugen haben können.

41 Die Darstellung der Gliederungsnummern orientiert sich an der ÖNORM A 2721 (*Gliederungsnummern in Texten*).

42 Vgl. Franz G. Kaltwasser in seiner Einleitung zu den *Regeln für wissenschaftliche Bibliotheken : RAK-WB*, S. V.

43 Vgl. ibid., S. Vf.

44 Vgl. Scheibe, S. 21ff.

45 Vgl. Scheibe zur Frage der «Textkonstitution», S. 38ff.

46 Zu den Begriffen ‹Fassung› und ‹Paralipomena› vgl. Scheibe, S. 16ff. Anders als bei Scheibe werden in diesen Richtlinien Korrekturschichten auf der Basis einer Grundschicht (vgl. S. 18) nicht als Fassungen definiert.

47 Der Begriff «physische Beschreibung» wird hier und im folgenden aus den RAK-AV übernommen.

48 Vgl. RAK-AV; wo im folgenden diese, den RAK-AV entnommenen Begriffe zitiert werden, ist dies nicht eigens gekennzeichnet, da sich die zitierten Stellen, wo nicht anders gekennzeichnet, auf die RAK-WB beziehen.

49 Die Begriffe ‹vermutlich› und ‹wahrscheinlich› werden von den Gepflogenheiten am Brenner-Archiv (Innsbruck) übernommen.

50 Vgl. hiezu die primär anhand von Zeugen Goethes und Schillers entwickelte Systematik der «den dichterischen Schaffensprozeß dokumentierenden Niederschriftsformen» (S. 74) von Karl-Heinz Hahn (1969).
Für Fotografien kann zwischen Originalabzug (vom Bildautor gemachter bzw. überwachter Abzug), Vintage Print (Abzug, der im Zuge der Arbeit des Projekts gemacht wurde), Reprint (späterer Abzug vom Originalnegativ) und Reproduktion (Vorlage ein Abzug) unterschieden werden (für Hinweise hier bin ich Otto Hochreiter zu Dank verpflichtet).

51 Zu diesen Angaben zum Grad der Präzision vgl. Enders, S. 135f.

52 Die Zitate in § EZ 150 beziehen sich zudem auf die RAK-AV (§ AV 150).

53 Die Zitate in § EZ 151,1 beziehen sich auf die RAK-AV (§ AV 151,1); dasselbe gilt für die Überschrift von Abschnitt 4.2.6.2.4.2. Die Bezifferung der Abschnitte 2, 3, 4, 5 und 6 von § EZ 151 verschiebt sich gegenüber jener von § 151 um eine Stelle nach hinten.

54 Die Zitate von Abschnitt 4.2.6.2.4.2a beziehen sich auf die RAK-AV, S. 27.
Für Fotografien und Werke der bildenden Kunst werden die §§ K 152a und K 122,ha (Deskriptionszeichen) bezüglich des Formats angewandt; gegebenenfalls sind bei Fotografien statt der Maßangaben in Zentimetern (cm) die Bezeichnungen von Standardformaten anzugeben:

Bezeichnung	Bildformat (cm)	Kartonformat (cm)
Visit	9,4 × 5,8	10,2 × 6,3
Cabinet	14,0 × 10,3	16,5 × 10,7
Stereo	8,0 × 8,0 (2 Abzüge)	8,5 × 17,5
Postkarte	14,0 × 9,0	

(Vgl. Starl, S. 46)

§ AV 152 wird für Fotografien und Werke der bildenden Kunst insofern erweitert, als vor der Angabe von Farbigkeit (§ AV 152,b) ein Vermerk zur Bildentstehungstechnik gemacht wird. Bei Gemälden sind die Maltechniken sowie der Bildträger, bei Grafiken die Zeichenwerkzeuge sowie die Papiersorte anzugeben. Bei Fotografien wird zuerst angegeben, ob es sich um eine «Aufnahme» oder einen «Abzug» handelt. Zu weiteren Differenzierungen in diesen zwei Gruppen vgl. Gert Rosenberg.

55 Die Zitate von § EZ 153,1 beziehen sich auf die RAK-AV (§ AV 153,1).

56 In einem Literaturarchiv können die Archivalien auch nach inhaltlichen Gesichtspunkten erschlossen werden; es wird dann empfohlen,

auf der Basis eines Thesaurus für die einzelnen Werke Deskriptoren zu vergeben.
Richtlinien für die Erstellung und Weiterentwicklung von Thesauri liegen als DIN 1463 vor. Diese Richtlinien definieren einen Thesaurus hinsichtlich seiner Funktion als «ein Mittel zur terminologischen Kontrolle» (S. 2), hinsichtlich seiner Struktur als «ein kontrolliertes, dynamisches Vokabular von bedeutungsmäßig und generisch verbundenen Termini, das umfassend einen spezifischen Fachbereich abdeckt» (S. 2). Ein Thesaurus dient der «Beschreibung des Inhalts von Dokumenten und Dokumentensammlungen» (S. 2).
Die Alternativen zu einem Thesaurus sind die *Internationale Dezimalklassifikation* sowie Schlagwortlisten. Die *DK* klassifiziert alle Dokumente primär im Rahmen einer eindimensionalen Hierarchie, welche das gesamte menschliche Wissen, Handeln und Denken erfaßt (vgl. unter *Internationale Dezimalklassifikation* ÖNORM 2700 und ÖNORM 2701). Nicht zuletzt deshalb kann sie nur umständlich und unpräzise ein bestimmtes, spezielles Fachgebiet abdecken, wie das in Literaturarchiven erforderlich ist. Schlagwortlisten entbehren dagegen im allgemeinen jeder hierarchischen Strukturierung, sie sind alphabetisch geordnet.
Ein Thesaurus ist imstande, Systematik und Flexibilität zu verbinden. Für den speziellen Bereich der Literaturarchive steht ein Thesaurus nicht zur Verfügung. Es wird angeregt, einen solchen Thesaurus zu entwickeln, auf dessen Basis die Vergabe der Deskriptoren erfolgen kann.
Solange kein geeigneter Thesaurus zur Verfügung steht, sind lediglich Namen von Personen und Körperschaften, sofern sie ein zentrales Thema des jeweiligen Werkes darstellen und sofern ein Sachkatalog (vgl. Abschnitt 4.11.4) geführt wird, anzugeben (Sekundärprinzip).

57 Einzelne Regelungen zur Ansetzung der Namen von Personen werden gewiß zu überdenken sein (z. B.: Abkürzung des zweiten Vornamens, § 320,1); es können jedoch solche grundsätzlichen Änderungen nur in Absprache erfolgen, weshalb davon in den Regelungen dieser Richtlinien vorerst nicht die Rede ist.

58 Vgl. hiezu den Abschnitt 3.4 dieser Richtlinien.

6.3 Literaturangaben

Bartsch, Eberhard:
Die Bibliographie : Einf. in Benutzung, Herstellung, Geschichte. – München [u. a.] : Saur, 1979. – (Uni-Taschenbücher ; 948)

Bayerische Staatsbibliothek ‹München›:
Regeln für die Katalogisierung von Nachlässen und Autographen / zusammengest. von Anne Büchler. – München : Generaldirektion d. Bayer. Staatl. Bibliotheken, 1982

Boberach, Heinz:
Grundbegriffe des Archivwesens für Dokumentare. – In: Grundlagen der praktischen Information und Dokumentation : e. Einf. / Klaus Laisiepen ... Unter Mitw. zahlreicher Fachleute aus d. Informations- u. Dokumentationswesen sowie aus d. Archiv- u. Bibliothekswesen. – 2., völlig neubearb. Aufl. – München [u. a.] : Saur, 1980. – (DGD-Schriftenreihe ; 1). – S. 148 - 160

Brandis, Tilo:
Zentrale Erfassung von Nachlässen und Autographen. – In: Zentrale Einrichtungen und zentrale Dienste im Bibliothekswesen / 69. Dt. Bibliothekartag in Berlin vom 5.-8. Juni 1979. – Frankfurt a. Main : Klostermann, 1980. – (Zeitschrift für Bibliothekswesen und Bibliographie : Sonderh. ; 29). – S. 92 - 100

Bundesarchiv ‹Koblenz›:
Richtlinien für die formale Beschreibung und inhaltliche Erschließung von Filmen. – [EZ]. – Koblenz, 1976. – (Anweisung für die archivarische Tätigkeit ; 44)

Bundesarchiv ‹Koblenz›:
Richtlinien für die formale Beschreibung und inhaltliche Erschließung von Tonaufzeichnungen : Entw. – [EZ]. – Koblenz, 1984

Dachs, Karl:
Erschließung von Nachlässen unter Verwendung bibliothekarischer und archivarischer Methoden. – In: Bibliotheks-Forum Bayern. – 10 (1982),1, S. 3 - 24

Denecke, Ludwig:
Die Nachlässe in den Bibliotheken der Bundesrepublik Deutschland. – 2. Aufl. / völlig neu bearb. von Tilo Brandis. – Boppard am Rhein : Boldt, 1981. – (Verzeichnis der schriftlichen Nachlässe in deutschen Archiven und Bibliotheken ; 2)

Denecke, Ludwig:
Zum Verzeichnis der Nachlässe in deutschen Bibliotheken. – In: Zur Katalogisierung mittelalterlicher und neuerer Handschriften / hrsg. von Clemens Köttelwesch. – Frankfurt a. Main : Klostermann, 1963. – (Zeitschrift für Bibliothekswesen und Bibliographie : Sonderh. ; [1]). – S. 55 - 58

Deutsches Literaturarchiv ‹Marbach›:
Bibliothek : zur Benutzung d. Kataloge. – Marbach a. Neckar, 1983

Deutsches Literaturarchiv ‹Marbach›:
Handschriften-Abteilung : Hinweise für Benutzer. – Marbach a. Neckar, 1984

Dilthey, Wilhelm:
Archive für Literatur. – In: Deutsche Rundschau. – 58 (1889), S. 359 - 375

Enders, Gerhart:
Archivverwaltungslehre. – Berlin : Rütten&Loening, 1962. – (Archivwissenschaft und historische Hilfswissenschaft ; 1)

Formale Erfassung audio-visueller Medien = Cataloguing of audiovisual materials = Cataloguement du matérial audiovisuel / Fachnormenausschuß 069 Bibliothekswesen und Dokumentation, Österr. Normungsinstitut. – Wien, 1983. – (ÖNORM : A ; 2653)

Germanisches Nationalmuseum ‹Nürnberg›:
Ordnung und Verzeichnung von schriftlichen Nachlässen. – [EZ]. – Nürnberg, 1966

Gliederungsnummern in Texten = Numbering of divisions and subdivisions in written documents = Numérotation des divisions et subdivisions dans les documents écrits / Fachnormenausschuß «Terminologie (Grundsätze und Koordination)», Österr. Normungsinstitut. – Wien, 1976. – (ÖNORM : A ; 2721)

Goldberg, Susanna:
Die Handschrift der Akt-Ausgabe : e. Szenenkonkordanz. – In: Kraus-Hefte. – 6 (1982),22/23, S. 13 - 28

Groeben, Norbert:
Rezeptionsforschung als empirische Literaturwissenschaft : Paradigma– durch Methodendiskussion an Untersuchungsbeispielen. – 2., überarb. Aufl. – Tübingen : Narr, 1980. – (Empirische Literaturwissenschaft ; 1)

Hacker, Rupert:
Bibliothekarisches Grundwissen / Rupert Hacker ; unter Mitarb. von Hans

Popst u. Rainer Schöller. – 3., neubearb. Aufl. – München : Verl. Dokumentation, 1976. – (Uni-Taschenbücher ; 148)

Hahn, Karl-Heinz:
Grundzüge einer archivalischen Handschriftenkunde
In: Archivmitteilungen
1. 19 (1969),1, S. 24 - 29
2. 19 (1969),2, S. 67 - 74

Hahn, Karl-Heinz:
Vorschlag und Plan einer Zentralkartei für Nachlaßschriften deutscher Dichter / Karl-Heinz Hahn und Helmut Holtzhauer. – Weimar : Nat. Forschungs- u. Gedenkstätten d. klass. Lit., [1963]

Haller, Klaus:
Katalogisierung nach den RAK-WB : e. Einf. in d. Regeln für d. alphabet. Katalogisierung in wissenschaftl. Bibliotheken / Klaus Haller ; Hans Popst. – 3., überarb. u. erw. Aufl. – München [u. a.] : Saur, 1984

Internationale Dezimalklassifikation (DK) : Richtlinien für d. Anwendung = Universal Decimal Classification (UDC) = Classification Décimale Universelle (CDU) / Fachnormenausschuß «Dezimalklassifikation», Österr. Normungsinstitut. – Wien, 1974. – (ÖNORM : A ; 2700)

Internationale Dezimalklassifikation (DK) : Auszug = Universal Decimal Classification (UDC) = Classification Décimale Universelle (CDU) / Fachnormenausschuß 095 Dezimalklassifikation, Österr. Normungsinstitut (ON). – Wien, 1982. – (ÖNORM : A ; 2701)

Irblich, Eva:
Aspekte zur Bearbeitung der Nachlässe aus der Sicht der Handschriftensammlung der Österreichischen Nationalbibliothek. – In: Codices manuscripti : Zeitschr. für Handschriftenkunde. – 8 (1982),1, S. 1 - 11

Irblich, Eva:
Bibliothekarische Bearbeitung von Neuzugängen bis zur Katalogisierung. – In: Das historische und wertvolle Buchgut in der Bibliotheksverwaltung ; Fortbildungssem., Wien, 11.-13. Okt. 1978. – Wien : Vereinigung Österr. Bibliothekare, 1980. – (Biblos-Schriften ; 104). – S. 25 - 32

Iser, Wolfgang:
Der Akt des Lesens : Theorie ästhet. Wirkung. – München : Fink, 1976. – (Uni-Taschenbücher ; 636)

Jung, Rudolf:
Einführung in die Regeln für die alphabetische Katalogisierung in wissen-

schaftlichen Bibliotheken (RAK-WB) : DBI-Lehrbriefe zur bibliothekar. Fort- u. Ausbildung, RAK / Rudolf Jung ; Franz Bienert. – Berlin : Dt. Bibliotheksinst., 1984. – (Dbi Materialien ; 32)

Kindshofer, Josef F.:
Erläuterungen zum Befundformular. – [EZ]. – Wien : Österr. Filmarchiv, 1975

Knaus, Hermann:
Helfer und Hilfen bei der Handschriftenkatalogisierung. – In: Zur Katalogisierung mittelalterlicher und neuerer Handschriften / hrsg. von Clemens Köttelwesch. – Frankfurt a. Main : Klostermann, 1963. – (Zeitschrift für Bibliothekswesen und Bibliographie : Sonderh. ; [1]). – S. 86 - 97

König, Christoph:
Ist Rezeption kalkulierbar? : Zur Erweiterung strukturalistischer Methoden durch d. empir. Rezeptionsforschung. – In: Siegener Periodicum zur Internationalen Empirischen Literaturwissenschaft. – 3 (1984),2, S. 199 - 226

Laisiepen, Klaus:
Klassifikation. – In: Grundlagen der praktischen Information und Dokumentation : e. Einf. / Kaus Laisiepen ... Unter Mitw. zahlreicher Fachleute aus d. Informations- u. Dokumentationswesen sowie aus d. Archiv- u. Bibliothekswesen. – 2., völlig neubearb. Aufl. – München [u. a.] : Saur, 1980. – (DGD-Schriftenreihe ; 1). – S. 299 - 350

Langguth, Adolf:
Zur Frage der «Archive für Litteratur». – In: Centralblatt für Bibliothekswesen. – 6 (1889),10, S. 425 - 446

Lülfing, Hans:
Autographensammlungen und Nachlässe als Quellen historischer Forschung. – In: Deutsche Staatsbibliothek : 1661 - 1961 ; Vorträge, Berichte und Dokumente zur Dreihundertjahrfeier, 23.-28. Okt. 1961. – Berlin, 1965. – S. 371 - 400

Malina, Peter:
Katalogisieren mit der «VORNORM» : e. erster Erfahrungsbericht / Peter Malina; Rainer Hubert. – In: Das Schall-Archiv : Informationsbl. d. ARGE Österr. Schallarchive. – 1979, 6, S. 36 - 84

Malina, Peter:
Die Katalogisierung von Tonträgern in Österreich : Ergebnisse e. Umfrage d. Arbeitsgemeinschaft Österr. Schallarchive / Peter Malina ; Rainer Hubert. – In: Das Schall-Archiv : Informationsbl. d. ARGE Österr. Schallarchive. – 1978, 4, S. 26 - 48

Martens, Gunter:
Textdynamik und Edition : Überlegungen zur Bedeutung u. Darstellung variierender Textstufen. – In: Texte und Varianten : Probleme ihrer Edition u. Interpretation / hrsg. von Gunter Martens u. Hans Zeller. – München : Beck, 1971. – S. 165 - 201

Martens, Gunter:
Texte ohne Varianten? : Überlegungen zur Bedeutung d. Frankfurter Hölderlin-Ausgabe in d. gegenwärtigen Situation d. Editionsphilologie. – In: Zeitschrift für deutsche Philologie. – 101 (1982), Sonderh. : Probleme neugermanistischer Edition, S. 43 - 64

Meisner, Heinrich, O.:
Archivalienkunde vom 16. Jahrhundert bis 1918. – Göttingen : Vandenhoeck&Ruprecht, 1969

Moisy, Sigrid von:
Aufstellung und Signierung von Nachlässen und Autographen. – In: Bibliotheks-Forum Bayern. – 10 (1982),1, S. 25 - 41

Mommsen, Wolfgang A.:
Nachlässe in Archiven. – In: Zur Katalogisierung mittelalterlicher und neuerer Handschriften / hrsg. von Clemens Köttelwesch. – Frankfurt a. Main : Klostermann, 1963. – (Zeitschrift für Bibliothekswesen und Bibliographie : Sonderh. ; [1]). – S. 59 - 71

Mommsen, Wolfgang A.:
Die Nachlässe in den deutschen Archiven : m. Ergänzungen aus anderen Beständen. – Boppard am Rhein : Boldt, 1971. – (Verzeichnis der schriftlichen Nachlässe in deutschen Archiven und Bibliotheken ; Bd. 1 : Archive ; Teil 1) (Schriften des Bundesarchivs ; 17)

Németh, István:
Zur Bearbeitung von Nachlässen in wissenschaftlichen Bibliotheken. – In: Das historische und wertvolle Buchgut in der Bibliotheksverwaltung ; Fortbildungssem., Wien, 11.-13. Okt. 1978. – Wien : Vereinigung Österr. Bibliothekare, 1980. – (Biblos-Schriften ; 104). – S. 147 - 154

Neuhauser, Walter:
Die bibliothekarische und wissenschaftliche Erschließung von wertvollem Buchgut. – In: Das historische und wertvolle Buchgut in der Bibliotheksverwaltung ; Fortbildungssem., Wien, 11.-13. Okt. 1978. – Wien : Vereinigung Österr. Bibliothekare, 1980. – (Biblos-Schriften ; 104). – S. 107 - 133

Probleme der Kommentierung: Kolloquien d. Dt. Forschungsgemeinschaft ; Frankfurt a. Main ; 12.-14. Okt. 1970 u. 16.-18. März 1972 ; Referate u.

Diskussionsbeiträge / hrsg. von Wolfgang Frühwald... – Boppard : Boldt, 1975. – (Mitteilung / Kommission für germanistische Forschung ; 1)

RAK-Mitteilungen
In: Bibliotheksdienst
1. 18 (1984),2, S. 148 - 155
2. 18 (1984),11, S. 1081 - 1087
3. 19 (1985),5, S. 450 - 453
4. 20 (1986),6, S. 572 - 575
5. 21 (1987),2, S. 161 - 166

Regeln für wissenschaftliche Bibliotheken : RAK-WB / [hrsg. von d. Komm. d. Dt. Bibliotheks-Inst. für Alph. Katalogisierung unter Vorsitz von Franz-Georg Kaltwasser. Red. Bearb. u. Register: Irmgard Bouvier]. – Autoris. Ausg. – Wiesbaden : Reichert, 1983. – (Regeln für die alphabetische Katalogisierung ; 1)

Richtlinien für die Erstellung und Weiterentwicklung von Thesauri = Guidelines for the establishment and development of thesauri / Fachnormenausschuß Bibliotheks- und Dokumentationswesen im DIN, Dt. Inst. für Normung e.V. – Berlin [u. a.] : Beuth, 1976. – (Deutsche Normen ; 1463)

Richtlinien für die Inventar- und Materialverwaltung – RIM und Richtlinien für die Verwaltung von Bibliotheken – RVB. – In: Verfahrensvorschriften für die Verrechnung des Bundes ; 1 : Richtlinien für die Sachenverwaltung des Bundes ; A / hrsg. vom Bundesmin. für Finanzen im Einvernehmen mit dem Rechnungshof. – Wien : Dr. u. Verl. d. Österr. Staatsdruckerei, [1972]. – S. 11 - 149

Richtlinien Handschriftenkatalogisierung / Dt. Forschungsgemeinschaft, Unterausschuß für Handschriftenkatalogisierung. – 4., erw. Aufl. – Bonn-Bad Godesberg : Dt. Forschungsgemeinschaft, 1985

Rosenberg, Gert:
Bildentstehungstechniken der Fotografie. – In: Geschichte der Fotografie in Österreich : Bd. 2 / hrsg. von Otto Hochreiter u. Timm Starl i. Auftr. d. Vereins zur Erarbeitung d. Geschichte d. Fotografie in Österreich. – Bad Ischl, 1983. – S. 30

Rules for Cataloging Music Manuscripts = Règles de Catalogage des Manuscrits Musicaux = Regeln für Katalogisierung von Musikhandschriften / comp. by Marie Louise Göllner. Trad. de Yvette Fdoroff ; übers. von Horst Leuchtmann. – Frankfurt a. Main [u. a.] : Peters, 1975. – (Code International de Catalogage de la Musique ; 4)

Scheibe, Siegfried:
Zu einigen Grundprinzipien einer historisch-kritischen Ausgabe. – In: Texte und Varianten : Probleme ihrer Edition u. Interpretation / hrsg. von Gunter Martens u. Hans Zeller. – München : Beck, 1971. – S. 1 - 44

Schmid, Gerhard:
Goethe- und Schiller – Archiv : Ordnungs- u. Verzeichnisgrundsätze / erarbeitet von Gerhard Schmid unter Mitwirkung von Anneliese Clauss u. Eva Beck. – Weimar, 1976

Schmidt, Siegfried J.:
Grundriß der empirischen Literaturwissenschaft. – Braunschweig [u. a.] : Vieweg. – (Konzeption empirische Literaturwissenschaft ; 1)
Teilbd. 1. Der gesellschaftliche Handlungsbereich Literatur. – 1980
Teilbd. 2. Zur Rekonstruktion literaturwissenschaftlicher Fragestellungen in einer Empirischen Theorie der Literatur. – 1982

Schmidt, Siegfried J.:
Texttheorie : Probleme e. Linguistik d. sprachl. Kommunikation. – München: Fink, 1973. – (Uni-Taschenbücher ; 202)

Sonderregeln für audiovisuelle Materialien, Mikromaterialien und Spiele : RAK-AV / hrsg. von d. Komm. d. Dt. Bibliotheksinst. für Alph. Katalogisierung. [Red. Bearb.: Gisela Süle unter Mitarbeit von Rudolf Lais]. – Vorabdruck d. verbindl. Regelungen. – Berlin : Dt. Bibliotheksinst., 1985. – (Regeln für die alphabetische Katalogisierung)

Sonderregeln für Musikalien und Musiktonträger : RAK-Musik / [hrsg. von d. Komm. d. Dt. Bibliotheksinst. für Alph. Katalogisierung unter Vorsitz von Franz Georg Kaltwasser. Red. Bearb. u. Reg.: Klaus Haller]. – Autoris. Ausg. – Wiesbaden : Reichert, 1986. – (Regeln für die alphabetische Katalogisierung ; 3)

Sonderregeln für unselbständig erschienene Werke : RAK-UW / hrsg. von d. Komm. d. Dt. Bibliotheksinst. für Alph. Katalogisierung. [Einführung, redakt. Bearb. u. Anlagen: Hans Popst]. – Entw. – Berlin : Dt. Bibliotheksinst., 1986. – (Regeln für die alphabetische Katalogisierung)

Starl, Timm:
«Die Photographie ist ein Nothwendigkeit . . . » : d. Atelierfotografie in Österreich im 19. Jahrhundert. – In: Geschichte der Fotografie in Österreich : Bd. 1 / hrsg. vom Verein zur Erarbeitung d. Geschichte d. Fotografie in Österreich. – Bad Ischl, 1983. – S. 25 – 51

Tainsh, Karin B.:
Lautarchive. – In: Der Archivar. – 15 (1962),3, Sp. 219 - 244

Tengler, Walter:
Zur Bearbeitung von Autographen. – In: Das historische und wertvolle Buchgut in der Bibliotheksverwaltung ; Fortbildungssem., Wien, 11.-13. Okt. 1978. – Wien : Vereinigung Österr. Bibliothekare, 1980. – (Biblos-Schriften ; 104). – S. 155 - 159

Volke, Werner:
Zur Ordnung, Bearbeitung und Benutzung der Archivbestände. – In: Die Nachlässe und Sammlungen des Deutschen Literaturarchivs Marbach am Neckar : e. Verzeichnis / Ingrid Kussmaul. – Marbach a. Neckar : Dt. Schillerges., 1983. – (Deutsches Literaturarchiv: Verzeichnisse, Berichte, Informationen ; 10). – S. XV - XXIV

Webhofer, Erika:
Richtlinien zur Bearbeitung von Nachlässen in Forschungsinstituten und Bibliotheken Österreichs : Überlegungen zum Thema. – [EZ]. – Innsbruck, 1985

Wersig, Gernot:
Gleichordnende Indexierung (Coordinate Indexing). – In: Grundlagen der praktischen Information und Dokumentation : e. Einf. / Klaus Laisiepen ... Unter Mitw. zahlreicher Fachleute aus d. Informations- u. Dokumentationswesen sowie aus d. Archiv- u. Bibliothekswesen. – 2., völlig neubearb. Aufl. – München [u. a.] : Saur, 1980. – (DGD-Schriftenreihe ; 1). – S. 351 - 411

Die Wiener Stadt- und Landesbibliothek:
Ein kleiner Führer durch eine große Sammlung / hrsg. von Franz Patzer. – 2., bearb. Aufl. – Wien, 1980

Zeller, Bernhard:
Archive für Literatur. – Mainz : Akademie d. Wissenschaften u. d. Literatur, 1974. – (Abhandlungen der Klasse der Literatur : Jg. 1973/74 ; 3)

Zeller, Hans:
Befund und Deutung : Interpretation u. Dokumentation als Ziel u. Methode d. Edition. – In: Texte und Varianten : Probleme ihrer Edition u. Interpretation / hrsg. von Gunter Martens u. Hans Zeller. – München : Beck, 1971. – S. 45 - 89

6.4 Muster eines Erfassungsformulars

Inv.-Nr.: Sign.: Nachl.:

AST:
HST:
Zus. z. HST:
PST:
ST d. beigef. Werkes:
Zus. z. ST d. beigef. Werkes:
Zus. (ganze Vorl.):
UR/fortl. Beil.:

Verf. (HST):
Urh. (HST):
sonst. bet. Pers. u. Körperschaft (HST):
Verf. (beigef. Werk):
Verfasserang. (UR/fortl. Beil.):
Verfasserang. (ganze Vorl.):

Werkzusammenhang/Ausg.:
sonst. bet. Pers. u. Körperschaft:

Mathemat. Ang.:

Ort:
Verl./Drucker/Herst.:
Zeitang.:

Anz. u. Art d. phys. Einh., Umf.:
sonst. phys. u. techn. Ang.:
Illustrationsang.:
Format, Maßang. u. dgl.:
Ang. v. Begleitmat.:

Gesamttitelang.:

EST:
EST (beigef. Werk):
zusätzl. Ang. z. det. bibl. Beschr.:

Hinw. auf and. Teile, Zeugen bzw. Ausg. u. Werke:

ISBN, ISSN u. dgl.:

Auff. d. Teile/Bände

Kopf d. HE:
NE-Verm.:

Vw-Verm.:

Verwaltungsverm.:

Erschließungsverm.:

6.5 Muster einer Seite aus dem Inventarbuch der Reihe A

INV.-NR.	SIGNATUR	BESCHREIBUNG	ANMERKUNGEN

6.6 Muster einer Seite aus dem Inventarbuch der Reihe B

INV.-NR.	BESCHREIBUNG	DATUM	ERWERBS-EINHEIT	ANMERKUNGEN

Dank

Mein Dank gilt in erster Linie Herrn Doz. Dr. Walter Methlagl, der mit Umsicht, freundschaftlichem Rat und wichtigen Gedanken zur theoretischen Grundlegung das Gedeihen der Richtlinien gefördert hat. Frau Dr. Susanna Kirschl-Goldberg und Herr Professor Wilfried Kirschl haben in den ersten Stadien meiner Arbeit wegweisend mitgedacht. Herr Dr. Werner Volke und Herr Dr. Peter-Paul Schneider (beide: Deutsches Literaturarchiv in Marbach), Herr Dr. Karl Dachs (Bayerische Staatsbibiliothek), Herr Dr. Walter Obermaier (Wiener Stadt- und Landesbibliothek) und Frau Dr. Eva Irblich (Handschriften- und Inkunabelsammlung der Österreichischen Nationalbibliothek) haben mir wichtige Einblicke in die Grundzüge der Nachlaßbearbeitung ihrer Institutionen gewährt; mit meinen Mitarbeitern Herrn Dr. Eberhard Sauermann und Frau Dr. Erika Wimmer-Webhofer am Forschungsinstitut «Brenner-Archiv» führte ich Gespräche über Möglichkeiten und Probleme des Innsbrucker Ansatzes. Wichtige kritische Stellungnahmen und Ermunterungen erhielt ich von den Kollegen des Projekts «Literarische Nachlässe» des Fonds zur Förderung wissenschaftlicher Forschung; mein Dank gilt hier Herrn Prof. Dr. Friedbert Aspetsberger, Herrn Doz. Dr. Murray Hall, Herrn Prof. Dr. Adolf Haslinger, Herrn Dr. Hildemar Holl, Frau Dr. Eva Irblich, Herrn Dr. Gerhard Renner, Herrn Mag. Arno Rußegger, Herrn Prof. Dr. Wendelin Schmidt-Dengler, Frau Dr. Erika Wimmer-Webhofer. Dank auch an Herrn Prof. Dr. Walter Weiss sowie Herrn Hofrat Dr. Raoul Kneucker, dem Generalsekretär des Wissenschaftsfonds, welche als ideelle Anreger des Fondsprojektes auch dessen finanzielle und organisatorische Sicherstellung und damit die Entwicklung und praktische Erprobung der Richtlinien ermöglichten. Von Herrn Heinz Hasibar und Herrn Dr. Heinz Hauffe kam der erste, aber entscheidende Impuls für die Integration bibliothekarischer und EDV-gerechter Perspektiven. Meine Frau, Mag. Isabella König, hat die Arbeit an den Richtlinien mit wachem Interesse und viel Verständnis verfolgt.

saur

Martin Schenkel

Dokumentation literarischer Quellen in Bibliotheken

Drei Modellprojekte zur Zeitschrifteninhaltserschließung
in Göttingen, Frankfurt und Marbach

1988. 179 Seiten, 3 Ill. Broschur. DM 48.-
ISBN 3-598-22081-2
(Literatur und Archiv. Band 2)

Der Autor gibt eine anschauliche und ausführliche Beschreibung der folgenden Modellprojekte zur Zeitschrifteninhaltserschließung: Der Göttinger Zeitschriftenindex des 18. Jahrhunderts, das Frankfurter Erschließungsprojekt deutscher Literaturzeitschriften 1815 - 1880 und das Marbacher Exzerpierprogramm literarischer Periodika 1880 - 1945.

Dabei wird die Behandlung inhaltlicher, organisatorischer und methodischer Probleme von der Planungsphase bis zum vorläufigen Abschluß rekonstruiert und Indexierungsregeln und Stufen der Indexierung werden an konkreten Beispielen dargestellt.

Mit dieser Arbeit wird die Stellung der Fachinformation als Vermittler zwischen Bibliotheken und Fachwissenschaftlern verdeutlicht.

K·G·Saur München·London·New York·Paris
K·G·Saur Verlag · Postfach 71 10 09 · 8000 München 71 · Tel. (0 89) 7 91 04-0

der Bearbeitung

ereinfachung und der Arbeitsteilung

Möglichkeiten der Vereinfachung	Seiten	Möglichkeiten der Arbeitsteilung	Seiten
—	–	Sekretär	
onvolute	33	Bibliothekar und wiss. Mitarbeiter	33
nventarnummern auf Behältnisse on Konvoluten	34	Sekretär	35
erzicht auf Feststellen der efundordnung; insbesondere bei onvoluten	37	Bibliothekar und wiss. Mitarbeiter	38
—	—	Bibliothekar	38
—	—	Bibliothekar und Buchbinder	41
—	—	wiss. Mitarbeiter	41 – 42
eibehalten der vorgefundenen rdnung; Verzicht auf Foliierung; onvolute	53; 54; 54	wiss. Mitarbeiter	54
eibehalten der vorgefundenen einordnung	59	wiss. Mitarbeiter und Bibliothekar	60
—	—	Bibliothekar	60
aßvolle Ausdifferenzierung von bteilungen im Depot	64	Bibliothekar und Sekretär	64
—	—	Bibliothekar (ev. mit wiss. Mitarbeiter)	67
—	—	Magazinmitarbeiter	
ereinfachung der inheitsaufnahme	87 – 88	Bibliothekar	78
—	—	Bibliothekar	78
—	—	Bibliothekar	78

Allgemeines Nachlaßordnungsschema

1. Echter Nachlaß

1.1 Werk-Zeugen vom Nachlasser
- Inhaltliche Gruppen und Untergruppen
- Chronologie der (frühesten) Entstehungsdaten bzw. Erscheinungsjahre
- Alphabet nach Titeln bzw. Incipit

1.2 Korrespondenzstücke vom und an den Nachlasser

1.2.1 vom Nachlasser
- Alphabet der Empfänger
- Chronologie der (frühesten) Entstehungsdaten bzw. Erscheinungsjahre

1.2.2 an den Nachlasser
- Alphabet der Schreiber
- Chronologie der (frühesten) Entstehungsdaten bzw. Erscheinungsjahre

1.3 Lebensdokumente zum Nachlasser
- Bereiche (privater oder öffentlicher Bereich)
- Alphabet der Sachgruppen (Konvolute) nach Sachbetreff
- Chronologie nach den in den jeweiligen Sachgruppen frühesten Dokumenten

1.4 Weitere Materialien zu anderen Personen bzw. Körperschaften

1.4.1 Homogene Sammlungen des Nachlassers

1.4.2 Lose Materialien zu anderen Personen bzw. Körperschaften

1.4.3 Erinnerungsstücke an den Nachlasser

2. Anreichernder Nachlaßteil
- Alphabet der Besitzer
- Ordnung analog zum gesamten Nachlaßordnungsschema